玛丽·埃伦·里士满

社会工作全集

The Complete Works of Social Work by

Mary E. Richmond

国家出版基金项目
NATIONAL PUBLICATION FOUNDATION

上海市重点图书

上海文化发展基金会
图书出版专项基金资助项目

现代城市里的好邻居

The Good Neighbor in the Modern City

[美] Mary E. Richmond 著
朱志伟 主译 范 斌 审阅

华东理工大学出版社
EAST CHINA UNIVERSITY OF SCIENCE AND TECHNOLOGY PRESS
·上海·

图书在版编目（CIP）数据

现代城市里的好邻居 / (美) 玛丽埃伦·里士满(Mary E. Richmond) 著；朱志伟主译．—上海：华东理工大学出版社，2018.6

(玛丽·埃伦·里士满社会工作全集)

ISBN 978-7-5628-5518-7

Ⅰ.①现… Ⅱ.①玛… ②朱… Ⅲ.①城市－儿童－社会工作－研究 Ⅳ.①C913.5

中国版本图书馆CIP数据核字 (2018) 第145734号

项目负责　刘　军　牟小林

责任编辑　刘　军　孟媛利

装帧设计　肖祥德

出版发行　华东理工大学出版社有限公司

地址：上海市梅陇路130号，200237

电话：021-64250306

网址：www.ecustpress.cn

邮箱：zongbianban@ecustpress.cn

印　　刷　上海盛通时代印刷有限公司

开　　本　890 mm × 1 240 mm　1/32

印　　张　4.75

字　　数　81千字

版　　次　2018年6月第1版

印　　次　2018年6月第1次

定　　价　48.00元

玛丽·埃伦·里士满
社会工作全集

现代城市里的好邻居

总　序

华彩百年学术传道
风云世纪专业流芳

转瞬间，社会工作在国际上已经诞生百年，在中国也已经恢复了三十年。在这值得纪念的日子里，我们欣喜地看到“玛丽·埃伦·里士满社会工作全集”由华东理工大学出版社出版了。作为这一项目的发起人之一，我更关心的是社会工作早期经典著作能否得到我国广大读者的认可，并在相关学术研究中起到推动作用。这不仅取决于学界对西方社会工作历史的回顾，更有赖于专家学者对早期社会工作理论的研究。我愿借此机会对里士满的著作及其基本思想进行简要介绍，并对里士满著作的学术价值及其产生的积极影响简单谈些看法，权当抛砖引玉，希望能够引起学界的关注。

19世纪中后期，随着第二次工业革命的逐步深入，急速的工业化、快速的城市化对美国的社会结构造成了不小的冲击，一系列社会问题随之而来。失业、低工资、超时劳动、重大疾病……紧紧纠缠着城市中的绝大多数人。而当时美国的收容救护主义的济贫制度并无太大的改善，遭遇困境的人们普遍缺乏筹措资源和重塑生活的能力。玛丽·埃伦·里士满(Mary E. Richmond, 1861—1928)正是身处这样一个贫困问题蔓延和重大疾病滋生的时代。里士满是美国慈善组织运动的领导者，更是一位社会工作理论家。在她的推动下，社会工作专业得以产生，她的学术人生体现了一种从慈善事业到社会工作的转变。

具体而言,里士满的社会工作思想,以及其为社会工作专业化所做的努力体现在以下几个方面。

一、学校教育:社会工作产生的必要前提

就早期而言,里士满所做的努力是希望将前人认为有效的方法解释并传承给将来从事慈善组织事业的年轻人。社会工作教育则成了实现这一目标不可或缺的途径。1897 年,里士满在美国慈善组织和整改会议上发表了她的历史性演讲“应用慈善中学校教育的需要”,呼吁模仿厨师、工程师、图书管理员等应用型职业,在学校里开展专业慈善工作的教育和训练,这成为美国专业社会工作教育的最早倡导。在里士满的努力下,1898 年,慈善组织会社开办慈善暑期学校,为志愿者与友善访问员提供了大量暑期研讨会和培训课程,成立第一所社会工作专业训练学校,并最终发展为哥伦比亚社会工作学院。社会工作教育的开展改变了以往社会工作仅依赖自我反省、自我督促,以及其他随手可得的机会进行简单学习的方法,使其逐步发展成高等学校的专业学科门类,并培育了一批思想先进、刻苦努力的职业社会工作者,为社会工作的专业化发展提供了人才储备。这是从慈善工作向社会工作转变的

必要前提。

二、社会关系：社会工作介入的主要对象

作为一门专业，社会工作首先要明确的是自己的介入对象。里士满将社会工作的介入对象定位为案主的社会关系，并指出："社会工作是对司法、医疗和教育的一种补充。"相较于医生、警察、教师等以微观个体为服务对象的职业，社会工作的独特之处就在于其对社会关系的关注。诚如里士满对个案社会工作的定义，"个案社会工作是一种艺术，用以调整个人与个人之间以及个人与社会之间的关系"。虽然社会工作在产生之初强调以个人为中心，但是与一般的慈善工作不同，社会工作并非只是以个人为中心的救济工作，而是一种以社会关系为对象的服务工作。调查、诊断、治疗，社会工作的每一个过程都渗透着社会关系的作用。在社会调查中，社会关系是信息的主要来源；在社会诊断中，我们要把案主放在一种社会关系里来理解；在社会治疗中，社会关系更是我们介入、调适的主要对象。换言之，里士满预设人处于一种社会关系网络之中，社会关系是案主问题的主要来源，而我们要做的就是改善他们的社会关系，以达到个人与社会的良性互动。

三、行动研究：社会工作理论的源头之本

实践是社会工作的本质属性。社会工作的产生与发展无不与实践活动息息相关。从《贫民中的友善探访：慈善工作者手册》到《社会诊断》，再到《个案社会工作导论》……无不是里士满基层实践智慧的结晶，无不是一个从实践经验上升到理论知识的过程。上述著作主要由个案社会工作实践经验和理论知识结合而成，可以说是一种最早的“行动研究”。一方面，书稿的撰写建立在里士满多年主持、组织、从事慈善组织会社工作的基础之上；另一方面，为了超越个人经验，里士满又收集、整理了当时大批社会工作者的访谈资料、工作记录、实践报告，书中的实例都源自美国各地区社会工作者的原始案例记录。在资料梳理的基础上，里士满又对案例的成功或失败之处进行了批判性反思，进而从中提炼社会工作的方法和原则。她还结合当时刚刚兴起的精神分析理论，形成了社会工作自身的理论体系。因而，行动研究可以被看作社会工作方法、理论产生的逻辑起点。

四、社会改革：社会工作不可或缺的重要维度

很多人认为，里士满深受慈善组织会社宗旨的影响，相信造成贫穷的是个人因素而非社会因素。但事实并非如此，当时美国社会改革的热情支配着整个社会，作为慈善组织会社领导人的里士满也认识到这一点，她认为以个人为对象的服务只是一种缓和策略，无法帮助问题得到真正改善，只有“消除贫困”才是根本途径，只有改革社会结构，才能真正解决社会问题，以实现个人的全面解放。1905 年任职费城慈善组织会社期间，里士满发表了“零售法的改革”一文，表明了她的社会工作理念与基本立场。她将以个人为对象的慈善组织会社和社会改革区分为“零售法”和“批售法”，并指出两者之间存在密不可分的关系。可以说，里士满也是一位社会改革的推动者。她批评市政府的腐败，成立宾州儿童劳动委员会，推动儿童劳动法等改革法案的通过；推动设置青少年法庭及儿童局；推动精神衰弱妇女儿童保护机构立案；推动慈善组织建立合作机制；推动社会立法……对里士满而言，推动社会改革也是社会工作不可或缺的一部分。

里士满的《社会诊断》一书（最早于 1917 年出版）被国际学术界公认为社会工作专业化确立的源头之作，曾经风行许多国

家和地区，并被译成多种文字。虽然我国社会工作已经恢复了三十年，但却未能给予社会工作早期经典著作应有的重视和研究。没有哪个专业的发展可以离开对历史的总结与反思。回顾历史经典，可以帮助我们厘清社会工作的理论来源，找到社会工作的方法论基础，做好社会工作的专业定位。正如社会学需要马克思、涂尔干、韦伯式的人物，社会工作也需要对欧美社会工作发展伊始的奠基人物和经典作品进行介绍、研究与反思，从而为我国社会工作的本土化和专业化研究提供翔实的资料。2017年是里士满最重要的社会工作专著《社会诊断》出版一百周年，也是我国社会工作恢复三十周年。在这样一个特殊的时间节点，以“玛丽·埃伦·里士满社会工作全集”的翻译和出版，致敬社会工作专业创始先驱里士满女士，庆祝社会工作专业化确立百年，希望广大学界同仁可以给予足够的重视与关注！

徐永祥

中国社会工作教育协会会长

国际社会工作教育联盟执行委员

“上海高校智库”社会工作与社会政策研究院院长

华东理工大学社会工作系教授、博士生导师

前 言

看呀，一位律师起身试探耶稣，说："主啊，我该做些什么才能得到永生呢？"耶稣对他说："戒律中是如何记载的？你又是怎样读的呢？"他回答说："你要尽心、尽性、尽力、诚心地去爱上帝，要爱邻居如同爱自己。"耶稣说："你已经获得了正确答案，按照这种做法，你就会得到永生。"但是这个人极力想为自己辩护，于是对耶稣说："那么我的邻居是谁呢？"耶稣回答道：

"有一个人从耶路撒冷到耶利哥去，途中遭遇抢劫，落入强盗之手。他们剥去他的衣服并把他打成重伤，留下半死的他就离开了。碰巧一位牧师从此路经过，看见了他，但牧师却从另一边走过去了。又有一位利未人也来到此地，看见此人，同样从另一边走过去了。只有一个撒玛利亚人行路到此，看见他的状况而心生怜悯，上前把油和酒倒在他的伤口，包裹好，扶他骑上自己的牲畜，带到旅店并照顾他。次日，这个撒玛利亚人离开的时候拿出两便士交与店主并对店主说：'你照顾他所花费的额外费用，我再次返回时必将偿还于你。'你想，这三个人哪个是落在强盗手中那人的邻居呢？"律师回答说："是怜悯他的人。"耶稣对他说："去吧，你可以照此辨别谁是你的邻居。"

目　录

引　言

一位正在去给一个现代化的大型慈善机构做年度演讲的牧师走在路上，他的一位教众告诫他，让他最好不要提及乐善好施的撒玛利亚人的寓言。

他适当地反驳道："我们现在正生活在这样的一个时代，在每一个路口的拐弯处都能看见受伤的旅行者，并且还有一些人受伤非常严重，但是我们没有看见，我们需要组织团队去把他们找出来。事实远比我们看到的情况复杂，为了获取我们的同情，他们假装受伤，但是他们的需求不是油和酒，不是交通（工具）和住所，而是需要重燃对工作和自助的热情。"他提到，在这些已经改变的环境下，如果我们想要实现同样的睦邻结果，就必须仍然跟随撒玛利亚人的牧师精神；但是，如果要使所有真正受伤的人得到充分的照顾，我们就必须拥有更多的旅店老板，每个人都做他特殊的工作。

慈善协会，它的活动标准远低于寓言中时时刻刻都在指导我们的实践标准，但是它仍然真诚地寻找现代城市里受伤的人并去治愈他们。然后，保障慈善协会可以使一个没有法律的国家的义务教育合法，帮助未成年孩子离开罐头工厂和纺织厂，并且让他们的过早就业变得不再合法；通过改善城市的居住条件，尝试让未来的旅行者的道路更加安全，之前的居住条件残害着贫困的房客阶层。成百上千渴望和睦相处的男男女女学习了慈善访问员应具备的知识，在他们的地区内变成服务于困难家庭的慈善访问员，掌握复杂生活所必需的旅馆与旅店老板服务系统知识和习惯；了解现代社会里油和酒的等价物，并且他们已经将这一知识、这一日常的服务习惯带回他们的教会工作与家庭里。

但是这个教众是一个只理解字面意思（literally-minded）的人。他无法理解立法委员会与更古老、更简单的睦邻友好表达（即慈善）之间的关系；此外，他被该协会众所周知的反对给在街上乞讨的乞讨者施舍的行为震惊了。另一方面，这个牧师使用协会的方式，就如同撒玛利亚人使用旅店老板一样。他意识到，他可以去做他的职责不允许他持续做的事情，他也从来没有犯过把所有的任务都扔给一个组织的错误，他也同样相信，当他全心全意做事情时，牧师的生活将会成为他宗教生活的一部分。他自己可以做好的，就是用人性化的手段即被赋予最高级别的治愈方式来做点事情，然后转向他的组织同盟，“无论你多花多少钱，当我再一次回来的时候，我将偿还你”。协会只是一种现代化的便利，这取决于他和他倾注的服务精神。

痛苦，也许是源于教众的不公正批评，我们现代的旅店老板太容易低估个人和非组织化服务的价值了。他们很有可能发表以下言论，这些言论来自 Patten 教授非常有建设性和趣味性的《文明的新基础》一书。谈到他所谓的服务利他主义，个人接触和收入利他性的慈善机构可以给金钱赋予更多的附加值,“为公众和具有深远影响的事情,”他说道。

不同之处就在于是什么把旧的慈善机构与新的慈善机构区分开来。一个过马路的人帮助了一个在恶劣公路管理条件下遭受苦难的撒玛利亚人;在旅行者落入他们之手之前,路上其他的巡逻队就逮捕了沿街的小偷。在服务利他主义指导下,他们包扎伤口,祈求宽恕,安慰在灾难中受到攻击的无辜者。收入利他主义坚持了他们的基础,因为有金钱权力去监管并且点亮通往耶利哥的路。

金钱的力量在这里被看作是有效慈善别具一格的特点。收入利他主义的确是需要的,但是没有一个强烈的服务利他主义(被 Patten 教授所轻视的)的灌输,它就不能监管和指明任何事情,也不能“坚持基础”,因为世界一旦开始就永远不会停止。监管恰好是收入利他主义极其不幸的例证,因为警察和小偷之间的关系是不确定的。金钱是一个坏的主人,但是也是一个好的仆人,在寓言故事中它是撒玛利亚人睦邻服务的补充物,但不可以替代它。在缺乏利他精神的今天,我们也许会在预防活动中花钱如流水,但是仍然收效甚微。

这些天里写下社会问题的人所犯的另一个共同错误就是，他们认为“治愈”和“预防”是相互抵制的，而且预防是不能如期实现的，除非我们在治疗个人疾病时花的时间更少。绝不会再有一个更有害的社会谬误！预防和治疗必须结合起来。例如，在为当代消费者赢得最友善和最充分的照顾时，我们正在切断许多传染中心(同大众的接触)，同时教育公众了解真正的预防手段。这已经成为现代医学的方式了，也许在将来，它也将成为现代慈善的方式。在国家就业办公室，在拥挤的城市医院病房，以及在战场上，医疗在努力治疗的同时，也在努力寻求着神圣的预防方式。

治疗和预防方式离我们每个人都不远，他们的运用也不需要花费更多的时间和努力。只要稍加思考，每个人能做的事情就能超过第一次的效果；尽管你不是一个训练有素的专家或服务利他主义者，但他的服务会取得事半功倍的效果，而且这不是在捐赠者要人领情的精神下完成的，是在民主睦邻精神下完成的。但是反对我们使用新方法的教众并不是唯一被现代化替代迷惑的人；当环境改变时，必须革新方法，否则结果将会不同或不会那么好。

正如我做的那样，要相信在仁慈的人中间存在这样更广泛的认同，即人们对于革新贫困处理的方法和追溯贫困起因的需求必须先于任何伟大的社会进步。我已经将自己的任务置于这本书中，并尝试用简单、直接（如果可以的话，不用任何术语）和多样的方式去描述——在这里，现代撒玛利亚人允许使用旅馆和旅馆老板来帮助那些沦为小偷的人。有很多事情是好邻居不能安全地交给任何代理人的，我很确信这一点，并且这将是我现在事业最重要的优势条件。

但是，如果有人试图把睦邻友好从各个层面解释为其是受了现代城市条件的影响，而不仅仅存在于它与贫困的关系中，那么他就会遇到我所逃避的矛盾。雇主和雇工的关系、比较富有的人和不那么富有的人的关系，他们都是社会的竞争者，血缘关系的对抗、信仰、宗教偏见——这些以及其他方面的睦邻友好，我都故意不理睬。遗留下来的问题依然十分艰巨，因为穷人并不是一个有不同特征的阶层，任何关于贫困及其处理的简要的讨论似乎都将他们区分开来，这显得过分强调了一种糟糕的现代趋势。

当我进出我那些朋友的家时，（发现）他们不一定富裕，但至少没有贫困的危险；我无法避免地注意到，除了他们自己的人之外，他们似乎与其他人都隔绝了。他们的父母每天都和形形色色的人打交道。虽未意识到，但是儿童已经迅速地远离这种多样化的社会环境,(脱离)这种富人和穷人、房东和房客、雇主和工人、顾客和商人以“明显的关系”居住在一起的社会环境;他们现在生活在一个分层的世界里,在那里,他们的社会关系是极度贫乏的。有轨电车、市郊火车、电话,以及我们生产和分配方法的重新整合已经改变了人们交流的习惯,正如 Wells 先生对伦敦的评价,于这个国家也同样适用:“我们的人民已经走出了他们居住的地方;他们居住在一个地方,工作在另一个地方,又在另一个地方购物。唯一可以再次使其本土化的方法就是把区域扩大到他们的新范围里。”这被写进市政的区域管理法令中,但是它也适用于更大范围的睦邻友好关系中。那些生活在更大社区里的人比那些徒步旅行的人,乘坐铁路或有轨电车的人比那些仍在马后面行走的人,都更具有社区利益意识,但这只是这样生活的机会的扩展,而目前的生活仍是艰难的。

事物,不断介入和不断增加的事物使我们表面上异常忙碌。我们不会阅读或渴求这么多的诗歌;物质的满足让我们窒息,而这又是同情和怜悯的源泉。电车和火车让我们远离与困苦相关的景象与声音,而我们却没有发觉这些旅行路线都是双向的,它比以往任何时候都更容易发现(处于)困苦(中的人们),也更易于救助他们。

文明正在衰落,一些它必要的部分也正以这种方式减少,所以必须重新起程并将其捡回来——这是一个棘手的过程，或者对旁观者来说总是如此。我们有这么多的住房，但是我们被迫去寻找新鲜的空气；我们有如此多美味的食物，但是我们被迫去寻找牛奶和鸡蛋。任何知道十字军东侵以对抗肺结核细节的人都可以证明，一直以来我们做得多么笨拙啊！现在，我们与各种各样和各种环境下的人交流，这对我们的社交健康和理智来说非常必要——这一丢失的包裹（指代“文明”）也是我们一直在找回的，尽管（找回的方式）非常笨拙。

对这一困境最明显的补救措施是，为了我们与穷人的自然关系能够（达到）更好相识和更大帮助（的状态）去寻找机会，但是困难就是往往不存在这种关系。让每一个人都去思考他（她）认识的人，如居住在郊区的年轻夫妇和职业人士；拥有城镇住宅和乡村别墅的可靠的中年人；他们从技术学校回来，对公民和体育（与他们）有不同看法的儿子；他们已经离开大学并意识到社会是一个难题，或者是从未上过大学但是很早就融入社会了，因而焦躁不安和不满意就这样不断成长的女儿。他们有自己的慈善机构和自己的俱乐部，以及自己的兴趣，但是他们会不会因绝望而切断与同伴和国家主流生活的联系呢？他们所知道的唯一的穷人是那些寻找他们的寄生虫，以及那些在某种情况下仍被他们直接而不是经过中间人雇用的从事奇怪工作的人。

排在第二位并与此并列的是郊区生活发展和根据收入进行的社会分层,我们将越来越多的贫困人口挤入城市街道和小巷中。他们坚持睦邻友好传统,但是当一个城市街区过度拥挤到突破某一个点的时候,睦邻关系同样会冷漠;关于这一点,我一直在抱怨"发展",尽管这是由相反的一面造成的结果。①

但是仍有三分之一在城市生活的人反对"把人团结起来的同情式理解"。一个已经违背小社区规范(它也许正处在十分荒谬的社会约定中)的人将不会忘记道德谴责带来的压倒性力量。不论在什么地方,它都是一个被明确定义的部分,社区规范是集立法机构、法官、陪审团和监狱于一体的;相比之下,法律制定和执行的普通程序就显得比较愚拙了。但是在大型城市,我们没有社区规范,我们仅有个人,每个人都与其他所有人竞争。最不成功的本地股票和国外股票已经涌入,带来他们自己的生活标准。在与他们以及作为他们邻居的我们有重要关系的每个方面,如孩子的教育和就业问题、街道和房屋的卫生、物品的生产与买卖,我们在标准上产生了冲突。因此,我们频繁地呼吁立法,辛苦地确保不被完全理解的慈善法律的执行。

---

① 对于发展观点的说明,可以参见《慈善的实践》第 21 页,作者是 Edward T. Devine。书中记录了一个公寓居民叙述的这样一个故事,即她的丈夫拒绝去提醒正在熟睡的居民,街对面的一个房子着火了。

但是，真诚地面对这些困难就不会绝望。“25 年已经过去了，”Eliot 总统在新世纪（20 世纪，原书作于 1908 年）之初说，“（这 25 年）是我们民族整个历史上最不寻常的 25 年。25 年里，（我们）做了之前没有做过的所有事情。”反对这一言论的对立事实是，从耶路撒冷到耶利哥的道路仍是不安全的，尚在人世的人们仍有那里强盗出没的记忆，我们也理解了静态文明和动态文明的一些不同。在我们处理动态文明所带来的有害的事情时，我们再一次引进了基督教的补救方法——这一更大的睦邻友好的补救方法，并且接下来的 25 年将会和最后一个 25 年一样精彩。Shaler 教授说道：

> 显而易见的是，当基督面对肉体的所有罪恶时，他首先反对部落的虔诚和仇恨的动机……他直视困扰人类的弊病的中心；看到躺在庄园的每个邻居都缺乏睦邻友好。他在不得不寻找睦邻友好的地方寻找治疗方法，并坚信无论人们之间有什么不同，跟将他们团结在一起的博爱相比都是微不足道的。

转向我们的主题细节，我们现在不得不考虑（改善）糟糕的条件和（开办）围绕较贫困的邻居（开展活动）的补救机构，（以服务）包括在玩的、在学校的、在工作的、在家的和在城市街道的城市孩子，生产、制造我们所购买的商品的人，居住在我们建造和出租的房子里的房客（承租人），没有住处在大街上阻拦我们的人，在生活中因意外或死亡而挣扎的家庭，以及本来很强壮和健康的病人。最后，好邻居自己也会关心我们，先是作为各种善举的贡献者，然后才作为一个加快基督王国到来的教堂中的成员（来关心我们）。围绕着这些城市居民生活的不利条件是他有能力去除的吗？他们将会离开吗？现存的什么机构能帮助他？他怎样才能最方便最有效地使用它们呢？

作为一个实用性的帮助，本书的最后提供了一些空白页面，其中列出了这些机构的地址、电话号码和机构的办公时间[①]，这些（信息）与其页面中能查到的慈善机构信息高度一致。当地慈善组织协会或相关慈善机构将乐意在你提出申请时提供这些地址。

① 本中译版本不涉及此部分内容。

城市中的孩子

最近有个作者估计，在说英语的国家中平均每分钟就有七个新公民出生，他宣称，为了让新生儿看到（更加美好的）世界，每个政治家、每个社会组织者、每个慈善家和每个人的首要任务就是竭尽自己所能做到最好。

“竭尽所能”在世界发展的不同阶段其含义也不尽相同。以前，当镇议会允许遵循古老传统在街道上（设置）牛道时，他会竭尽所能，但现在，如果议会是明智的，他就会雇用像 Olmsted 和 Robinson 这样的专家来制订一个未来五十年的市政改善计划。在我们的城市有相当多的好的拯救儿童的工作正在被执行，但是其中很多都类似于古老的道路（一样不合时宜）。

部分困难存在于我们这些真诚希望成为好邻居中的人身上。我们不仅被我们关于小时候和年轻时的不完美回忆所限制，也被未能理解我们从小生活的城市的巨大改变所阻碍。在最近五十年，儿童时期的失落被非常不完美地实现了。很多过程在之前就一直在我们工作和玩耍的家里进行着，对孩子而言那里充满了家庭戏剧性的意外和教育性的兴趣，这些东西现在是被隐藏在商场和工厂里的。因为我们应该看到以后，商场和工厂不能弥补儿童已经丢失的东西；对于那些在煤气厂或毛纺厂、面粉厂或锯木厂（长大）的孩子而言，是没有机会弥补或部分弥补我们家庭产业的整个过程的①。

在上一代人之前，我们可能没有紧随从炼脂到点燃蜡烛，从收集羊毛到穿着机织物品，从研磨谷物到烘烤面包的整个过程，但是比起今天，我们更加靠近了一点。此外，我们在乡村耕种的机会是过去的两倍半；天空中的鸟儿、田野中的野兽以及田野本身（较以前）有两倍半的可能性辅助植入我们的教育中，现在我们没有以前一半的责任心去阻止街上玩耍的人以防止损失。纯奶和纯净的空气、有机食物、身体锻炼、早点休息，所有的这些美好的事物都有可能促进我们的成长，并使我们免于电影、低俗剧院和赌博计划里的狂热和不良兴奋，（而这些东西）现在每个转弯的地方都在等待孩子的便士（指随处可见，吸引孩子们去消费这些不良事物）。

有很多对城市孩子损失的弥补，并且可能更多；但是弥补不能均匀地分配在管理不善的地方。在一个管理不善的城市，损失最严重的是穷人的孩子，尽管条件好的孩子正如过去一样通

① 参阅 John Dewey 的《The School and Society》，对于他而言，社会工作者对这个问题持有更深刻的看法。

过使用金钱摆脱了管理不善带来的明显后果。如果城市的学校教学不好、风气不良，条件好的家庭就会送孩子去私人学校；如果街道不干净、排水系统很糟糕、水不纯净，（条件好的家庭）每年会把孩子带走几个月，并且在他们城市的家里使用昂贵的过滤设备或购买矿泉水；如果警察部门没用，他们就会雇一个私人看守人；如果恶人猖狂，至少不允许他们出现在更好的邻里环境中。

但是越来越多的孩子将要继续在城市里长大；相较于谴责城市里的（负面环境），不如把所有的孩子放在一个合适的位置，（一旦这样做）很可能就会成为睦邻友好的一部分，而最贫困的人的孩子也会在里面成长，并且将以一个无间歇性和无恐慌的、稳定的和持续性的方式进行。我们大概知道需要做什么，但是那些有很大势力的人没感觉到这种需要的压力，因此他们也不能富有创造力地意识到他们邻居的迫切需求。

除了教堂以外（它的影响力稍后再考虑），还有与塑造正常的城市孩子关系最大的社会代理人，即孩子的父母和全体成员，他们是家庭、街道、学校、车间、卫生局和警察。工作和健康我将在其他章节讲述。

最好的和最古老的照顾和教育孩子的机构是家庭。我完全同意那些观点，即认为现代工业的改变以及很多来自家庭功能的移除使得学校的重组非常必要。我们在学校系统里给产业训练一个更加突出的地方，延长学校就读的时间，的确这些都非常必要。但“改变事情”这一习惯可能会变成一阵狂热，迫切地将家庭、学校和车间的关系重新调整为孩子的生活，这很有可能使家庭陷入另一个危机中——我已经写过这是不可挽回的损失，但家庭组织已从这一强大敌人(的手中)幸存下来。我们会鼓励妇女离开家庭和孩子去工厂；我们可以将日托所延伸到合法用途之外，将它作为那些寡妇的孩子或白天不能留在家中的残疾男士的妻子的孩子的庇护所，且托儿所接收那些希望从家庭照顾中解放出来的母亲的孩子；我们会成立一百个机构去为孩子的生活提供必要的服务，作为我们对必需品拓展的产物；但是，迟早我们会重新发现这一传统事实，那就是我们不能只拯救孩子而不拯救家庭，(因为)是家庭最终塑造着孩子们或好或差的性格。

只要家庭生活继续，生活的数量和质量都将受到更多的控制(而不是没有受控制)。由于渴望尽快得到好的结果，我们也许反复地忽视了这一点，尽管如此，如果我们诚挚地相信睦邻友好，即一个帮一个的互助方式，相信逐步改革的步伐，我们将不会因为触及这个关于家庭生活的最基本事实而不可避免地被每一次大规模运动检查所吓倒。但是如果单靠最友好的和具有最好意图的措施而脱离家庭，事情是不可能被完成的；事情可以在家庭内通过沟通、劝说、邻居帮助和同情来完成。为了给每个家庭带去"孩子的需要"这一新的意识，需要从视觉、听觉、呼吸、语言能力和营养缺陷等方面平稳且稳定地提升整个家庭的标准，从长远来看，这比任何一个短期措施（最近两个例子，如免费提供眼科医生和眼镜，或者是为学校里的孩子提供免费的午餐而不考虑父母的责任或他们承担责任的能力）都更有效。

如果工薪族不能支付为他的孩子买眼镜的钱，除了学者的眼界，还有什么事情需要重新调整吗？免费提供的眼镜使用的频率如何？它们能用多久（保持多久不坏）？有些父母无法为孩子提供眼镜，当诊所和其他机构为那些孩子提供眼镜时，为什么要为所有孩子提供眼镜呢？

如果一个来学校的孩子看起来营养不良，最紧急的和最简单的补救无疑是一顿校园午餐，但是如果持续贫血该怎么办？如果是孩子吃了什么不该吃的东西或晚餐和早餐什么都没吃该怎么办？如果我们继续允许女人和家里的男人整日离家并且丢下孩子，包括那些低于学龄的孩子和没有妈妈的孩子，（他们营养不良）怎么办？午餐满足了其他的需求了吗？或者它只是延长了满足他们需求的一点时间呢？[①] 当然，处理学校孩子真实需求的唯一方法是采取真正的补救(措施)，比如说那些被纽约学童体育福利委员会所采纳的方法——给明显营养不良的孩子的家庭提供到家厨师服务，赢得妈妈们的共同合作来发明更好的购买和准备食物的方法；或者在收入不足的地区，通过改善贫困状况联合协会寻求补充手段。在几个城市，这个实验正在被一个有偿的学校访客所尝试，一个已经接受过社会工作训练的人，她的职责是在她所隶属的学校、慈善机构和孩子的家之间作为中间人行动起来。

为了给只从孩子福利这一视角出发产生的所有问题提供方案，以及为了不考虑其他事情，很容易犯本质性的错误，但它对孩子生活的影响却是灾难性的。“它好像完全不可避免，”Bosanquet 女士说，“一个在家庭中接受从属经济地位的男人(容易)退化成一个游手好闲的人和一个暴君。”我们也许对家庭生活报以最认可的态度，但当我们未能将所有收入问题和救济看

① 参阅 Charities and the Commons，Vol. XVII，p. 1104，“School Lunches in Milwaukee，”by Zilpha D. Smith；and the Rale Review，Vol. XV，No. 3，“Feeding of School Children，” by C. S. Loch.

作家庭中的头等大事、母亲(的位置)只是其次、孩子一点也不(重要)时,我们会积极地参与到破坏它的行动中。当学校老师听到孩子对家庭需要的描述后,他们在收集衣服、鞋子和钱以获得救济时,他们忽视了这一原则;教会和主日学校工作人员在与贫困家庭有各种联系时也经常忽视这一原则。

除了救济,这一同样的原则也被运用到其他事情中。一个新英格兰牧师,过去经常急切地在他所在城镇的更贫困的街道上寻找在主日学校上学的孩子们,然后劝说他们去他的学校,当他在号召家庭里的父亲们并正式地寻求父亲们的允许时,采纳了一个音响发声器的方法。他发现这一小小的体贴行为帮助其复兴了一种责任感意识,这一意识已经很久没有出现在我们广博的仁慈之中了。为了交换家庭情感,交换植根于家庭责任感的美丽和深度,有什么善举可以被施行呢?

我已经说过了城市应该变成一个对孩子成长而言更加安全和更吸引人的地方。为此每个人可以做的事情是什么呢?

首先,与其一直强调让他们远离街道的重要性,不如在更多方面讨论让街道变得更干净的重要性,以便让孩子们在干净的街道里随意跑动。城市孩子如果想要变得健康就必须经常在户外(活动),并且城市的户外必须是有监管的、明亮的、干净的以及远离非法贩运的，让街道变成一个适合孩子们花一天的部分时间的地方。我们必须提供充足的健康娱乐(方式)，然后严格处理不益因素的残余。另一端的开始是忽视自然的方法并发起运动去抵抗低俗的电影院以及其他不道德表演的大量涌入。

操场运动是为了提供(给孩子)教育性的和规模性的组织好的玩耍(服务)，它应像我们的学校系统一样广泛(这一运动现在已经被发起了)；如果它受到所有好邻居的明智支持，就会被激发出更多的可能，让城市变成一个(对孩子)更好的地方。不仅是无知的、粗心的父母，即便是博闻的、认真的父母，如果因贫困环境而受到谴责，他们一定会发现他们的孩子受他们玩的本性的影响而更积极、更专横地直接走向坏的一面。操场、娱乐公园、户外和室内体育馆、男孩子和女孩子的俱乐部和家庭花园、音乐、图片以及最爱的户外(运动)——所有这些为希望分享快乐的好邻居提供了具有吸引力的机会。目前芝加哥的娱乐中心每年有500万人参加(活动)，但如果任何一个城市中的人意识到健康、真诚、良好的公民身份、工业效率和道德它们之间至关重要的关系，这个数字将变得渺小。

街道和学校(的建设)应该成为每个人的日常事务，并且那些我们已经全力以赴(改善的)学校条件将变成一个社区真正睦邻友好的公平测试。如果一些校舍非常拥挤以至于学生们只能得到一半指导，如果建筑物通风不好并且不卫生，如果老师、守卫和负责人遭受政治侵扰，我们将让社区中大部分无家可归的成员沦为小偷。作为基督徒，我们怎么才可以理直气壮地说为了孩子们的利益我们要把城市中的教育部门和健康部门去政治化呢？

我们也可以鼓励那些努力通过改善校舍环境和（加强）系统的医疗检查来争取延长工业培训并更好地照顾学童的教育工作者；我们可以鼓励并支持所有改善学校（环境）的公民运动，比如公共的教育协会和父母协会。在不妨碍我们的前提下，我们可以将我们知道的没有定期来上学的所有学龄儿童报告给义务教育局，以此来帮助学校当局。

除了我们对儿童生活中这些更大更普遍的方面感兴趣外，我们还必须对那些有特殊需求的人保持密切关注。一个孩子是不是被残忍地殴打了，或者是被残忍地忽视了，或者是暴露在重大的道德错误中？一天太长了，不能让一个易受影响的孩子或任何孩子待在这样的环境中。我们越深刻地相信父母的权力和责任，就将越快地意识到这一点，并且向社会报告保护孩子免受残忍行为的事实，并以此跟进我们的投诉，找出哪些障碍（如果有的话）仍然阻碍法律的正确执行。

那些与儿童进行非法交易的烟草经销商、酒馆老板和潜在人员应该尽快解决。

是否有到现在都没有接受到最好的医疗照顾的残缺的孩子,或者是一个有视力缺陷、听力障碍或说话障碍的孩子?我们应该用我们的影响力,和父母一起见证那个建议被快速地寻找到,见证医生的指导被执行。是否有被父亲或母亲抱怨他的恣意妄为,也许还在他八九岁的时候说他“无可救药”的孩子?他太需要或更多是父母需要,一些懂得如何解决儿童恣意妄为问题的儿童保育专家建议,无论是生理上还是心理上的缺陷,在儿童早期阶段治疗将会有更好的治疗效果。

是否有孩子因为贫困问题而将要离开他的父母或他的单亲母亲?这里就需要最好的以及最有经验的建议了。邻居会说“放他走”,然后慈善机构(尽管没用这个词)将会建议把他送进这个或那个机构中;但是这个决定关乎孩子的整个未来,因此这个决定不应该取决于我们自己的意识或喜好。应有儿童救助团体或同类机构去明智地处理这样的紧急事件。也许他们可以发现不让家人分离的方式。

美国在古巴陆军的一个少校是我见过的最好的公共慈善部门负责人。他的管理工作是几个月前在没有任何准备的情况下推给他的。尽管如此,他仍在缺少专业知识和无专业人员请教的情况下迅速地熟悉了每一块业务,形成了能准确辨识的好习惯。在关于儿童福利的所有问题中，他们做的很多工作都涉及城市生活变化、儿童心理知识、家庭基础知识与慈善行动的效果；我们发现，我们处在一个想要比其他人得到更多的情境中，也许是因为受训练的同情和清晰的判断。如果我们学习到了陆军少校的习惯，敲开正确的门并且大胆地问问题，我们应该都能成为更好的和更有用的邻居。

正如已经阐明的那样，我们最有可能需要去敲的那个门，和我们应该提供的被写在羊皮纸书卷的末端或被放在便利的地方的地址，应该是公共教育协会、父母协会、教育部门、义务教育局、游乐场协会、儿童国家郊游社团、儿童防暴社团、缓刑官和儿童救助社团。

工作中的孩子

若干年以前，有个百万富翁被呼吁去为那些新到的来自俄罗斯的，且与他有同一宗教信仰的男孩们做一些训练课的贡献。他是一个仁慈而慷慨的人，但他拒绝了，原因是：五十年前，当他来到这个国家时，他始终走的是没有被这样指导帮助的全靠自己的路，并且那样的奋斗对他来说是十分有益的（他认为那样的路对那些孩子同样有益）。

奋斗对每个人都很有益，但是百万富翁怎么会明白，让一个10岁或12岁的孩子在工业起步期（独自奋斗）有多大的不合理障碍？毕竟现在的情况（已经和以前）不一样了。他来到了铁路刚刚开始将城市与城市连接起来的地方。他只背了一个包就从大西洋中部港口来到了这个国家，来到了一个孤立的农场和村庄，一个有不断的商品需求的地方。他顺便学到了什么？英语、地理、算术、贸易、人性。也许，像Jakin Bob一样，有一只狗做安慰；确实，他呼吸到了天堂里才有的新鲜空气，并且可以为那时的生活做更好的准备！整个过程的教育价值是他的，而现在，他当代的继承者在他到达时就被推入工厂，没有我们的语言，没有学校教育以及没有他的身体成长，只知道一个无限细分的工业过程带给思想和身体的麻木效应，他每天重复单调的动作长达好几个小时。或者是另一个“无止境的”职业，当他被叫到，他就成了一个身不由己的男孩。或许他将进入一个区域开始信使服务，晚上被安排在一个很脏乱的房子里，学习美国教给他的最糟糕的第一堂课。

一个因她自己无知犯错的人不能责备百万富翁。我也在地区委员会为我从童年时期起就记得的一代人制定法律，而不是为了委员会的决定能影响到这一代人。不惜任何代价的自我支持看起来是重要的事情，并且在委员会里，工厂主的妻子诚意满满地表示她会协助我们，（我们）一次又一次地为单亲母亲们和残障父亲们的孩子提供工作。但是这些家庭和这些孩子后来的历史（由于我们对他们的职业发展跟访多年才得以了解）开阔了我们的眼界；与家庭不断的照顾相比，间歇性的照顾有这个（发展性的）优势，这是我们从自己的错误中得出的。我们曾经希望培养的节俭的自力更生的能力没有发展起来。一部分童工没有阅读和书写能力，很多人在 14 岁以前就忘了他们在 10 岁和 11 岁之前在学校学的东西了，他们的精神和身体状况已经更衰弱了，慢慢地我们可以看到，对一个贫困的留下许多学龄孩子的寡妇来说，最好的方法就是确保他们一个一个地进入工厂，但是需要在她能保证他们能提高工业效率的条件下进行。这就意味着他们必须得到一些基本教育，他们在青春期之前不能长时间地做固定工作。

对不同城市社区的结果进行比较得出了一个更深层的事

实，即不识字的、衰弱的童工并不总是或通常是单亲母亲或残障父亲的孩子，但是许多在钢厂、工厂和玻璃厂的孩子，他们的父母是富裕的，而且能够很好地放弃他们孩子的工资好几年，让他们不再工作。最贫困的城市街区往往没有最人数量的童工，那些离钢厂和工厂最便利的，那些（认为）工业机会最伟大的，往往是家庭中最容易屈服于诱惑的人。

"寡居的母亲"，正如 Addams 女士称呼的那样，已经描绘出了我们深思的大部分了。她在一个制造业城镇开展了一个学校人口普查，但是显示有 3 600 个孩子不在学校里。1 100 个孩子离开学校是有合法的理由的，比如说私人学校的出席人数、搬迁、疾病等。剩下的 2 500 个孩子中只有 66 个是寡妇的孩子，这 66 个孩子被找到了 23 个，还不到 2 500 个孩子的 1%，这些孩子正在努力地赡养着他们的母亲。为什么这 2 500 个孩子被允许去工作，这 23 个寡妇也继续被她们的孩子所养活？通过细致管理私人养老金，不能对这几个家庭进行睦邻友好照料吗？时间和金钱这些小的花销不能帮 23 个孩子到能完全工作为止吗？不能帮助整整 2 500 个孩子的身体、工业发展和道德未来吗？

紧接着是关于单亲妈妈的辩论，我们听到很多"街道存在危险是让孩子早点去工作"的论调。学校太拥挤的辩解是不相关的，因为拥挤是在低年级的小孩子中存在，对于他们来说，即便是童工的拥护者也不会建议把工厂作为学校的替代品。我们的义务教育法必须被执行，当然，孩子们的玩耍时间也必须被教育性地保障，正如我们已经看到的那样。像现在这样的没有这些竞争对手和守旧势力的街道，就已经被那些非常了解城市中儿童生活的人发现了，并把学校与玻璃厂和对大部分儿童开放职业的信使服务做比较。位于格伦造纸厂的一个避难所，也是一个为 10～16 岁任性孩子准备的学校。学校的负责人宣称，在他们被逮捕之前，他那里有非常少的男孩上学而多是去做童工。为了保护一个 12 岁的男孩能够从宾夕法尼亚州玻璃厂的非法雇用中解放出来，让这个刚从白喉恢复并且有肺结核倾向的孩子脱离那个需要他在炎热环境中进行 9.5～10 个小时夜班白班轮换工作的地方，需要三个志愿者协会源源不断的支持。

在努力的工作作用于类似的救援之后，人们想知道一个国家能忍受一个昂贵的工厂调查部门多久，而这个部门对童工法律的真诚执行没有任何同情心，并且继续包庇着在私人学校有违规、免职和生病等情况的办公室调查员。当然，真正的困难是社区沟通的缺乏。如果一千个好邻居在我的城市看见一百个我被迫看见却不愿意接受的事实，将不再需要任何推动性的呼吁（就能有明显改善了）。显而易见的事实将让他们自己去呼吁，由此，对 14 岁以下的为薪资整晚在玻璃厂工作的孩子，以及在外国出生的16岁以下懂得读写英语的孩子的雇用都将成为不可能。

煽动者呼吁国外的投票者宣称，拒绝接纳16岁以下不会写英语的孩子去工作是对国外劳动力的歧视。它真的是一个为了外国人利益的措施，因为它加速了他们的美国化，或是鼓励他们去寻找远离我们拥挤的人口中心的家。有人也许不认同限制移民的努力，但是也许看到了通过有效的童工法律和住房法律管控移民的优势，因为没有人可以比直接将自己移民挣得多，当然，我们至少应该保持一个良好的最低标准的儿童照顾和城市卫生环境。

我们没有采取任何措施来阻止雇用童工和雇用那些没有上过学的孩子，应该被解释成我们对在工厂和车间里工作的孩子缺乏同情。对于孩子过去的身体危机，以及给予他平等机会的学校，在好的现代化组织条件下，工厂将给他所需要的训练和工作机会。厂主不得不忍受超出他们工作份额外对劳工条件的侵害，在那种情况下，他们碰巧成为侵犯某一部分国家主权的主犯。一个在不止一个童工公司与最好的人有合作的人可以证明，许多人会鼓励诚挚而严格地执行法律，即阻止14岁以下的孩子从事营利性职业。

在长时间的组织运动中，个人可以帮忙做什么呢？作为开始，为了保护儿童免于过早雇用，我们可以做什么呢？我们可以帮助形成一个势不可当的观点来阻挡不诚实的调查员，我们可以学习现在的童工法律规定，我们可以向工厂调查部门、义务教育部门（如果他们处在学龄期）和国家童工委员会报告我们所知道的所有将要非法工作的孩子。

我们可以为想要合法工作或将要进入工作岗位的孩子们做点什么呢？对于他们来说，有一个公平的晋升机会和能学到真正技能的工作选择是最重要的。父母常常为这些建议感到高兴；在现在的国家工业环境中，为了避免不健康的和危险的工作，为了区分未来有益的和无益的工作，不需要太在意其他。技校的晚间课程不能被推荐给 16 岁以下的有志向的却整天工作的男孩子和女孩子，而是推荐给 16 岁以上的身体健康的孩子（是可以的），在许多我们更大的城市中，日常工作是不能提供提升机会的，因此我想看看，有多少向我申请职位的年轻女性已经通过参加俱乐部、移民点以及授予晚间指导等方式增加了一个单薄的学校训练机会。

然后有一个刚刚才过 14 岁的孩子，他展现了对学习的真实天资，如果有必要，应该通过一个特定的奖学金来帮助他继续在学校学习。能够让优秀孩子可以获得最好工作的"能力浪费"是因为我们的忽略，这跟身体不适一样令人悲伤。确实，忽视是最残酷的小偷，它以这么多的方式来强夺和伤害我们，而且伤口是永远不能治愈的。

在我们部分主题下，我应该在国家童工委员会、义务教育局、工厂调查部门、教育部门、劳工女童俱乐部、其他的男孩女孩俱乐部、年轻男人和年轻女人的基督教协会、技校、移民点以及其他有晚间课程的地方等地进行演讲，为保护童工做努力。

成年工人

在前言部分，我已提及相对小康的隔离的说法，它是工业化产品多重发展带来的结果。我们用手机和邮箱购物；其商品可能在地铁路线的这一端被消费，而生产厂家却在另一端；商品制造加工的细节我们一无所知。但这是我们日常生活的一部分，我们用这种方式购买和消费必需品和奢侈品，它在很大程度上影响着周围多数邻居的生活。我们与邻居未有过接触，当在街头相遇时也不能认出。(这种情况)有好有坏，一定情况下，我们对商品的选择塑造着他们每天的生活。

某些乐观派哲学家假装认为这种影响有必然的益处，(认为)过度消费是件好事，而且支出越多越好，因为我们是为了穷人的工作(即过度消费可促进穷人就业)。

过去 Bradley-Martin 舞会可以说是自动化效益形式最突出的例子。假设我们没有将钱花在舞会上，我们也会将钱投进它的股票中；如此，除了慈善事业、生产有用物品的产业之外，我们未能(将钱)投资到其他任何产业之中。

这一事实很快引起了我们的关注，但是，我们的过度消费往往是盲目消费。Bradley-Martin 舞会拥有他们喜欢的风格、装饰格局和一百件其他事件(意指喜欢它的理由很多)，我想这些都是特有的，否则为何人们对它的关注度会如此之高？没有比盲目消费更能降低产业士气的事物了。我们会过度消费也会很少消费(消费低迷),它必须是有目的且持续的,或者说它可以提升我们对决不能满足的事物的希望,(而如果是这样)职业的不确定也随之增加,因为我们倾向于舍弃形成固定技巧的事物。

廉价的品位相当于灾难。Bernard Bosanquet 说:

> "如果我们遭遇厌恶、肮脏、庸俗、丑陋之事,我们会谴责导致它们出现的人。如果我们没有拥有廉价之物,我们会谴责没有得到适当报酬而去工作的人。"

当然,这包括廉价物的合法化。百货商店在旺季用低价卖出货物教会我们成为聪明的消费者。这只是方法之一,但目前确实是比较好的方法,它使我们意识到不管是制造商还是购买者都要提前做计划(,这样将具备)优势。它有助于物品最大利益的实现,也就是说,让一整年的工作与工资达到平衡。

当收入微薄时,不稳定收入会(使得人们)精神颓废,在长时间工作的高压下工作数周,随后是几周的无所事事的诱惑——我们很少意识到这意味着健康、节制、道德和节俭的丧失,除非我们了解间歇工人的日常家庭生活。

工作取决于天气,如土地挖掘、海边工作都是此话的很好例证。房屋交易中,对室内与室外工作的明智安排将会有效减少淡季的时间。目前，服装交易是组织不善的典型例子。1903 年对费城服装工人的调查表明，“当制造外套和长裤的工人懒惰时，他们平均每年有三十一周的空闲时间，而制作背心的工人也有三十周的空闲时间”。

拥有睦邻精神的雇主同消费者一样，为使工人能长久工作而想出很多办法，他们（指拥有睦邻精神的雇主）对未受贸易组织和贸易协议保护的工人承担特殊责任。他们可以提供干净的工作车间和安全的设备来保障工人的生命健康；他们可以做出很多法律规定之外的有益（工人）的事；但他们绝不会通过比较每一项工作的可能性去做比设计方法更好的服务来平衡全年的工作。一名天然气公司的经理想给钳工提供稳定的工作，因此他建议钳工在这个夏季去销售天然气炉具，条件是必须在公司便利的时候。我们开始意识到（存在）上千种方法，在这样的远见中可采用能同时满足消费者、制造商和工人利益（的那一种）。

每个人都能给予帮助。这是本书每一章的负担（意指不能得到体现），但在这一章这一观点是真实的。我们都是雇主，如果我们能将更多的心思与想法放在产品和服务的购买上，生活就不会过度紧张，而是愉快和充实了。如果我们需要家具罩，必须等到每个人都有需求时才可以拥有，在这之前我们制造它们会显得不友善。如果我们的行李箱需要修理，为什么不在从城镇回来后立即将它们送去修理(给修理工充足的时间),而是在我们再次出游时急切地给修理工人打电话说必须立刻修理它?可在这之前我们并未等待修理。这样的例子可能会不断增多。我们得提前做好计划,我们离开前可以将要做的事提前安排好,节省我们等待的无聊时间,我们应该了解我们所接触的每一种生活都是生命的一部分,它不仅仅是一种对我们方便的附属品——也会对日常习惯中温和性情和良好人际关系的培养方面带来很大回报。

但回报是在目标之外;所有为我们工作的(人)都是我们的邻居。牧师和利末人当然值得人们尊敬,但从另一方面来说,忙碌的人也值得我们尊敬,即使他们从受伤者的另一边走过(意指置伤者不理)。我们可以避免与邻居做出同样使自己陷入险境之事,对此,消费者联盟将给予帮助。它的建议非常简单,它要求我们:

不在五点之后购物。

不在星期六下午和圣诞节前一周购物。

在未向管理层抗议的情况下,六点之后不收取任何包裹。

每天与 Fair Houses 打交道 10 小时;夏季每周都有半

日休假;至少一周是带薪休假;加班补偿金;餐厅、厕所、工作室独立分开;工人允许使用为其准备的座位;每周支付工资;订立条款如工人过上被尊重的生活;遵守国家法律。联盟在各地都发布此内容的清单。

要求内衣必须在健康的环境以及未有童工或血汗工厂的条件下制造。满足要求的制造商才被联盟授予商品商标。

反对血汗工作的观点之一是,认为人们手和脚的力量无法与蒸汽动力相比。男人和少数女人不能做的工作机器都能出色地完成,所以,并非是身体原因导致工资减少。这时,工作在百货商店与工人家里都可以完成(相应地),工作时间增长,费用减少。这类生产方式的强烈反对者认为其带来疾病的快速传播,会影响工人的生活,他们将远离工厂的法律保护与雇主的直接监督,成为独立的个人。

费城消费者联盟中的一名成员在处理工人白喉病事件期间参观了这样一间屋子,一位妇女正在孩子床边赶工法兰绒裙子,而她的孩子之后就去世了。许多家庭都会制造这样的裙子,但这些裙子所携带的传染病菌无人可知。在此被提及的这位妇女，她当时一天十三小时的工作可赚取35美分。

在她的孩子生病前，她的邻居建议她带着孩子去托儿所，自己去工厂工作，但是她觉得家中工作更方便就拒绝了。孩子去世后，她进入纺织公司，一周工作五天半的时间就可赚取7美元[①]。

如果不能铭记工业问题，救济基金就不能被明智地管理。忽视产业不断出现的问题会让慈善机构出现严重的失误。如果一位带有四个孩子的父亲在大城市从事非技术性的工作，每周只赚6美元，房屋租金与其他生活费用高昂，相较于增加收入，这还是好的，他还要花费金钱与时间去寻找工资更高的工作以及生活花费更低的地方。一位妇女努力工作一周只能赚取3美元，为了让妇女生存，慈善机构应该给她提供帮助吗？或者利用各种资源让妇女获得更好的工作，不管她是否适合就对她进行培训，并支付她的培训费用吗？后者可能更好，这不单单是为了她自身的生存，也是为了让所有只有3美元工资的妇女工作者能够独立，使其可以参与到工作竞争中。

---

① 这并不意味着带孩子的寡妇就应该被要求进入工厂，而不是在家中工作，如果发现有这样的人，不应该去工厂工作。

许多妇女进入赚取工资的工作意味着她们自然地放弃了家庭的工作，这一点我在“城市中的孩子”那一章中也有所涉及。考虑到影响人类未来的生理和心理原因，进入工作必须要受到关于工作时间的特殊规定的保护。去年，在伯尔尼签订了禁止工厂的妇女从事夜间工作（的规定）。这是欧洲十四个国家在美国之前考虑到妇女的健康与福利。某些说法认为，国家对妇女工作时间的规定从国家角度来说可能是非立宪的，当权益被损害，修改宪法去满足之前未能实现的条件会是一次爱国行为。

另一个行业阻碍是好邻居必须牢记的，即种族与国家歧视的阻碍。撒玛利亚的寓言非常重要，是因为获救的是犹太人，而救他的是陌生人。这个故事第一次出现的那天，包括牧师和提问者们感受到了前所未有的种族自豪感，但是因为（这在）生活中太常见了，我们都错失了寓言背后的意义——它时刻提醒着我们，在我们不便的时候也要对他人心存友好。

慈善组织在日报上（当然不会具名）发表呼吁对个人和家庭援助的文章中出现了奇怪的现象，大众对德国人养老金的捐助和美国籍无子寡妇的捐助有很大的响应，而对意大利寡妇的捐助却无人问津。那些刚来的移民以及将被谴责承担最重最苦工作的人群，通常无意识地反对给予捐赠，我们也对这种敌对态度采取了容忍的态度。抛开我们对移民法律的理智与不理智的看法，我们对这些被允许进入的人群（即进入该国工作或生活的人）应承担睦邻义务。

围绕工业问题以及解决方案，这个时代的社会动荡似乎成为（大众关注的）焦点。双方的敌对已经成为一种规则而非例外。到目前为止，我仍然关注阻碍的原因。这一主题没有局限，但书及其作者都非常明确，在这里，对雇主与雇员的关系进行任何适当的处理都是不可能的（意指会对作者产生不好的影响）。

房 客

065

在埃奇沃斯女士的爱尔兰生活中，有一个无与伦比的故事：格伦特霍恩伯爵在离开祖国多年之后再次回来，他为他年迈的护士慷慨地建造了一座新住宅。但是埃奇沃斯女士在这个高档住房中郁郁寡欢。由于没有她熟悉的氛围，她觉得这个地方很冷清；隔墙很快被（她生的）大火吞噬，“整个房子变成了一幅充满污泥，垃圾和混乱的景象”。

从这个故事得到的教训是，格伦特霍恩伯爵太善良了或给愚昧的房客提高住房条件注定是失败的。但一个更确切的教训则基于（格伦特霍恩）伯爵多年来对地主主义的缺席（指不生活在这种环境下，对其缺乏了解）。当伯爵在伦敦追求自己的幸福时，他已经忘了他的房客长期以来的真实居住状况，而他的善行显得姗姗来迟。

旷工不是导致居住环境恶劣的唯一原因。节俭的外地人是一种更新型的房东，他们经常把自己的钱投进可以转租的住房中。他们自己居住两三间房屋，然后贪婪地追求用最少的便利换取尽可能高的租金。但这是一种采用低居住标准的房东。而采用高居住标准的房东通常自己收取房租，或者至少自己负责修补住房，他们很少是严肃（不好相处）的人。和房客的接触发展了他（房东）友好的一面。

人们普遍认为纽约是唯一一个在廉租房方面存在问题的城

市。尽管纽约是美国唯一一个大部分人口都住在家庭建造的房子里（它们一般都是六层楼，配有狭窄的通风管道；从这方面讲，它的住房条件很奇特）的城市，但从廉租房的公认定义来说，这是不准确的。

在此，我不必再讲述为更好居住条件奋斗以及在成功的社会运动之前已被告知很多遍的故事。这个社会运动开始于纽约慈善组织协会的一个委员会，经由国家任命而得以继续，到后期由一个拥有权力的物业单位部门以此创新，直到今天，凭借这个部门工作的许多穷人朋友（的努力工作）以及对此的兴趣而得以继续运行。我转而想调查那些自信满满地宣称没有出租房，并说“这是个家园之城”的城市。当我写这些城市的时候，我收到了两份来自这些城市的报告，上面写满了关于恶劣居住条件的内容。

什么是廉租房呢？它是指至少三个大家庭居住在一个房子里，他们各自独立生活，自己做饭。在几乎所有不存在住房弊病的大城市里，有成千上万所这样的房子，它们原本是为一个家庭的居住而建造的，但现在至少有三户家庭居住在里面。

很明显的恶劣条件在这样的居住环境中可以经常被找到，不充足的生活用水和不卫生的住宿条件、破损的管道、地上流淌的废水、潮湿的地下室、堆满垃圾的庭院、与人共住的牲畜、拥挤的卧室、缺乏隐私、没有适当处理垃圾的规章以及因在同一层楼再搭第二个建筑而导致的光线昏暗和空气稀薄。

这些城市的另外一个问题就是胡同房子。长长的双排胡同房子在报道中经常被提起(小房子,有害健康的,图片中呈现出的都是恰当的),(其形象通常)不是家庭般的温馨(的场景)。据卫生委员会报道,每一个这样的房子里最少有一人患有肺结核。1906年,因一个家庭中有8个人死于肺结核,而被联邦慈善机构得知(胡同房子的恶劣居住环境)。

也许有人会问为什么房客要忍受这样的居住环境?原因很多。迁移到城市的人为了更方便工作,而对外国人来说,他们倾向于选择靠近同胞的居住区。租房的需求量增加导致租金攀升,对于房产经纪人来说,他们更容易拒绝要求维修住房或(经常向他们投诉麻烦)的房客。因此,有容忍力或者漠不关心的房客留了下来,住房条件也愈发恶化。但还有一个理由,我们有一个现代的与房东失去联系的习惯,那就是由经纪人负责财产管理。

一个按照地区规划组织起来的现代化慈善机构意识到,在穷人区,当他们负责其他穷人住区的公务时,被房东授权管理住房的委派关系带来了许多不便。在这个社会中，付费的居住者因为这个地区的恶劣环境而得病，破旧地下室的水已漏到后面房子的地下室，后面房子的地下室每次下暴雨时都会被淹没。城市规划检查显示，这些街道没有下水道来排水。在数月不间断的努力下，这些下水道终于建成。但是，房产经纪人却要求慈善团体搬出房屋，他们说这六个月来修下水道给他造成的麻烦和费用比过去十六年都要多。他说得很对，即使增加了租金，但房客们也因有了干燥的地下室和新鲜空气而感激不已，因为有了（条件）好一点的住房；当地产经纪人向他聘请的律师提出上诉时，反过来，律师被业主雇用，（因此）这个团体被留下来。完成这一改善需要时间和影响力，慈善社会的邻居却两者都没有。

（第三方的）中间人管理当然会继续，当然，在之前的分析中，房东应该对任何不公平和因房东对代理者欠缺考虑（而导致的不好的事情）而负责，对房屋所有者（即房东）而言，所有爱护同胞的人都有权在住房条件变得无法忍受的情况下获得赔偿。

那么作为一个好邻居的房东，他对其位于贫民区的房屋至少要了解什么呢？首先，他应该亲自去看一下自己的房子。许多房产都是被信托公司管理，这些公司为了穷人的资产雇用当地的房产经纪人。所以，房屋所有人经常不知道他自己拥有什么及拥有的房产在哪。从穷的房客租住的房子上获得收入的房东，最起码应该去看一下房子，仔细检查一下（房子），确保自己的任何一部分财产都不是建立在那些足以对生命和健康造成隐患的基础设施之上的。

没有经常这样去检查自己房屋状况的房东有时会被石灰粉和涂料产生的效果所欺骗。而这些只改变了房屋的表面，并未真正解决它的基本结构和卫生问题。“这并不罕见，”一个对房屋改革感兴趣的记者写道，“（经常）听到房客们（貌似）不合理地抱怨房屋结构和卫生条件，但也许在他们参观（房屋）时，没有（乱泼的）油漆和杂乱的院子、脏乱的房间。”在第一次参观时，最重要的事情是寻找易塌陷的地基、危险和黑暗的楼梯及走廊、漏水和不安全的屋顶与墙、潮湿的地下室、破损的水管装置、不充足的供水、黑暗的房屋和拥挤的卧室。每个成年人的睡眠空间至少是 400 立方英尺。

这样的检查应该以当地建筑法规的审查为前提，并且检查本身应该弄清楚这些条款是否被遵守。

为了给搬出去的房东寻找补救方法，通过与恶劣住房条件的接触（意指实地了解恶劣的住房条件），可以发现下面这些有关房屋的详细建议在与许多住房专家达成共识后再编制会更有用。虽然他们不必对这里给出的结果负责，但我还是得感谢波士顿的爱丽丝·林肯夫人，纽约的劳伦斯·威乐先生、埃米莉·W.丁威迪小姐和以前在华盛顿现在在费城的华莱士先生为回答我的问题而付出的辛苦：

1. 地下室干净没有垃圾。对于被私人厕所或破损下水道和其他的泄漏物所污染的土地，混凝土楼板是需要有的。运输垃圾到街道的主要管道应该被铺设并且留有手孔，以备清理所用。通畅的房屋下水道和卫生间、通风良好的地下室是最重要的，因为地下室与房屋的空气是相通的。

2. 水管装置。房东应该确定下水道是否能流到街道，并确定房屋的排水系统是否与下水道连接良好。每一个楼层都应该有活水，如果可能的话，每个房间都应该有水。每两个家庭至少有一个冲水便桶，并且这些盥洗室平常应该是上锁的。爱干净的房客经常不公平地忍受其他人的不卫生的习惯。内部管道应及时检修，并由称职的水管工修理。

3. 大厅和房间。如果楼梯很昏暗，那么应该使用玻璃门或玻璃窗，或在门上安装气窗和天窗来照亮它们。每一个客厅都应该光线充足、通风良好。

4. 房顶、庭院等。房顶应该保持干净、没有裂缝。庭院应该足够大，没有垃圾，可以晾晒衣服。如果没有庭院，那么房顶应该具有这个（晾晒衣服的）功能。应该提供装灰尘和垃圾的箱子。应该为每个家庭提供单独的储物箱，它们要足够大，至少可以盛放半吨煤。防火和逃离火灾的法规应该被仔细遵守。

5. 居住。目前房客中存在的不道德、过度拥挤和肮脏的情况应该被查清楚。那些顽固的不知悔改的房客应该被驱逐出去。转租行为应该被严格禁止。除了狗、猫和小宠物，其他的动物不准出现在房屋中。

虽然当遇见爱干净的房客时，将注意力集中在这些细节上是很好的，但将这些注意力浪费在像伯爵的护士那种不爱干净和粗心大意的房客身上就是很糟糕的。这种说法可能是不被接受的。因为，志愿收租者通过系统工作改变居住条件的经验证明，在这里能有一点点耐心和技巧，就能创造奇迹。

四十三年前的募集捐款计划由 Miss Octavia Hill 在伦敦发起，主要是为了管理玛丽勒本地区的一些不好的物业单位。与第一个在慈善收租上进行商业冒险的人取得良好联系是令人愉快的一件事，他叫 Ruskin，投资了一个逐渐产生深远影响并取得良好收益的慈善活动。“我发现提高租金很容易，”Miss Hill对一个美国参观者说道，“但如果你提高得太快，房客会流失殆尽。”简而言之，她的计划是定期付款并通过志愿收租者每周收取租金，志愿收租者对房客们很熟悉，并慢慢地持续地运用她的影响力来确保在有关改良方面的合作。在写她对第一个伦敦住房的管理时，Miss Hill说：

“我被告知诚实的人经常为不诚实的人买单，房屋所有者依赖于房租来补偿所有的损失，但是当我发现这种案例达到的程度时(指拖欠房租的情况严重)，我很吃惊。绝大多数房客应交六周、七周或者八周的房租，在有的案例中应交更多；然而，在我获得房屋管理权时(我每周都亲自去收取房租)，决不允许有人欠我上周的房租。

一旦我获得(房屋)管理权，每个家庭就有机会做得更好：那些不想付房租或者明显不道德的人应该被驱逐出去。他们空出的房间被清理干净，那些有改善迹象的房客可以住进来。相应地，每一个凌乱和乱涂的房间都有这样的机会被改善。”

三十三年后，在她的计划被伦敦许多地区乃至大不列颠的其他地区执行后，Miss Hill对她指导的志愿者说：“我们尽可能地招募女士，她们知道怎样致力于将工作移交给房东，知道怎样制作一套有效的规则让房客履行自己的义务，并可以从公益视角出发做出富有同情心和合理的决定。这样的管理能达到一个高标准。修复工作得到快速有效地处理，参考意见得到仔细实施，清洁工作得到严格监督，拥挤问题得到解决，现时支付房租得到强制执行，账目得到保存，最重要的是房客被划分为可以实现相互帮助的好几类。这些职责和其他很多职责都委托给了不同于普通地区巡查员的管理住房的女性。”

跟着 Miss Hill 学习的美国人已经将她的物业管理计划引入美国。费城的奥克塔维亚·希尔协会已经开始实施这种方式。也有用其他计划来建立现代物业管理的协会，比如纽约城市和郊区住宅公司。此外，旨在改善住房监管的改革已经在一些城市由社会慈善组织独立实施。当地住房信息主要来源于卫生委员会、保障住房改革协会以及一些慈善建筑公司。

流 浪 者

我们看见“当你和他很接近的时候，你的邻居都是你的同类”，不管这种接近是因为地理上的、社会意义上的、产业关系上的、经济上的还是城市层面上的，毋庸解释的是，寓言中乐善好施的撒玛利亚人有去将这弄清楚的必要性。但是，最显著地应用于上帝的词语和我们最熟悉的一个词是“减轻身体的痛苦”。

经常听见慈善家们说他们宁愿帮助九十九个“不值得”的人，也不愿让一个“值得”的人错过帮助，而且他们认为这种说法来源于圣经。但就是这一个人迷失在了上帝的预言中，根本不是其他九十九个人。在圣经中，任何地方都没有将处于痛苦的人划分为“值得”和“不值得”的考虑，因为这个划分本身没有实用价值。在一个慈善组织社会中，一个工作人员必须要承受最痛苦的磨难之一是大众最广泛的印象即他所做的一切努力都是为了确保穷人得到更充分和更明智的照顾，通过“值得”和“不值得”的区别对待，然后以聪明的策略来保护那些心地温和的人。但出于另一个目的，这种区别是必要的。我们所有人都有应该得到的东西，也有不应该得到的东西；当我们遇到困难时，不论是最小或最大的我们（指群体规模不同），或只是我们认为（的群体规模），最实际的是发现什么能帮我们脱离困境，或使我们避身事外免受困境伤害。

捐赠的真正价值是什么呢？没有谁能比 Phillips Brooks 解

释得更好了，他说：

“我想给予穷人我所能给予的，这是我的义务也是我想去做的事。我应该给他点什么？在第一阶段，如果我没有更加深远的资产帮助计划，当我在他空空的手上放满美元的时候，我会觉得很满意。但如果再进一步考虑，我不会再满足，直到那些美元替我给予他人文关怀；如果没有，那这份给予就是没有价值的，(付出带来的)高尚与高贵精神使文明包围着我。但是，如果我更深入地考虑，并学会把真理作为世界上最珍贵的东西，那么至少到我努力地为他的身体和心灵提供帮助的时候，我会觉得我把‘我能想到的’都给了他。然后，作为最后一个层次，我尽我所能地开始将他的特点纳入考虑。我的意识不允许我休息，我应该意识到我的恩惠是不完美的，甚至是有伤害的，直到我接触到他最核心的特征，并让他给予分享——这是我的目的，也将是我倾其一生努力的方向。”

这里，我们列出捐赠的过程阶段：(1) 钱财或者是它的等价物；(2) 更崇高的情形；(3) 特征。伟大的传教士在另外一个地方写道：“有时直接给予礼物的方式可能是没有必要的。有时，现代的捐赠者可能会像在庙门上的彼得一样说‘金银我都没有，但以耶稣之名祝愿你’。”然而，通常来说，钱财的帮助是必要的。针对这本书中所涉及的那些被其他职责占据的忙碌的男人和女人，他们怎么能被以下观点说服呢：在没有提供更好的环境与联系的同时提供资金帮助，对受助者的影响是残酷的。

那些需要我们慈善救助的乞丐和流浪者可能不到（所有人的）十分之一，但是来自其他地方的证据显示，有多达十倍的人等待救助。因此，除出于善意的公共慈善外，我们犯下十倍的错误，这是让人失落的。对于那些无家可归的人来说，他们自然有着治愈痛苦的需要。

是谁导致了一个生活落魄的人沦为流浪者，他们过着流浪的生活，不再是邻居或者拥有睦邻的权利？有些人会在他身上看到我们反叛军的表现与吉卜赛人的渴望。有些人本能地会认同并且同情这种游戏，并促使他在不确定的道路上找到其一天坏运气的主要缘由。明天将会赢得黄金，所有赢家所赢的每一分钱都是通过精湛的玩法获得的。有人看见他作为受害者不断以笨拙的和错误的方式进行着。有些人会赞同他（的做法），因为他过着自己的生活，是自己的选择。还有一些人，虽然这个数量不是很多，但他们期望知道什么是对他真正有价值的东西（即复杂的、莫名其妙的、艰涩的真相)，以使他们不再不知不觉地制造他们的同类，也为了使他们能够脱离那个贫困、错误、不友好、反社会的自己。

流浪者需要得到比他现在已得到的更多的帮助、更多的同情、更多的思考和关怀；而且我觉得劝阻给予者在街上、在正门边、在后门或在办公室里给他们施舍零钱几乎是犯罪；对这个阶级来说，除非同时向捐赠者展现一种更好的帮助方式(否则其他都是无效的)。这种办法已经能够展现出：(1) 金钱或是其等价物；(2) 更好的环境；(3) 个性特征。金钱和其他的物质帮助会让他陷入一个与当前生活一样的恶性循环，环境的作用被逐渐淡化，让他们的生活处境更加恶化。

Charles Booth 说："两个让人们幸福的条件是工作和慈爱，当一个人为他所喜欢的工作而努力时，这是最好的使他充实的条件。"这指出了为流浪者改革的方式。当我们帮助他在没有人际关系和没有职业分工的情况下正常生活的时候，无论(他)是富人还是穷人，我们都在犯一个大错误。在立即提供工作和尽可能恢复家庭关系后，一个针对流浪者的有效救援(制度)必须建立起来。

但街上提出申请的流浪者有成千上万人，而有成百上千人有帮助他的冲动。怎样给到他在工作中等值的金钱，或好的环境和特性呢？我们自己为所有明显申请的人实现这些是不可能的。通过提供所要求的而不是所需要的东西，来撤销一些已经在努力去做的事情要容易得多。

为了避免这种无休止的重复，也为了给每个申请人及时提供工作和更好的环境，一个现代化的机构就像旅店救助撒玛利亚人一样有效地救助了我们。某些地方提供的路边小屋或市政住宅已经成为现代社会中旅店老板最好的替代物，尽管他们最有用的是迅速帮助处理呼吁，但只能作为有效救济的第一步。每个房东和每间商业房都应该让那些避难的人免费居住，除非有工作测试才不得使用这些地方，以此让入住的人立即受到就业的有益影响。这项工作应该很容易地适应于不同的身体素质。我们应该进一步确保，工作庇护所可保持高标准的清洁卫生。洗澡应该是强制性的，应该有适当的规定来杀死虫子并熏衣服。食物的供给应该是廉价的、丰富的以及多样的。这些旅馆有时会疏于照顾受伤的旅客，所以无意间，疾病会从一位受害者传染给另一位受害者；不幸的是，那些宣称是撒玛利亚人的继承者通常是最糟糕服务的提供者。如果有必要的话，通过个人访问来保证我们自己能提供（睦邻友好）照顾，然后系统地选定住所来帮助无家可归的人。

一个好的庇护所不仅干净整洁，而且还能为所有的来访者提供一个可进行工作测试的地方；也应该期待它可以帮助每个对象解决其特殊问题和需要，以寻求一种可以把定期工作和人际关系进行链接的“更加稳固的环境”，以更新他的生活方式。在劳动市场工作，这总是比暂时性和“制造”的工作要好，应该为健全的人和那些因肢体残疾而不能从事适合其能力的特殊工作的残障人士提供帮助。年轻人应该再次与他们的朋友联系起来。年长的人应该得到充分的亲属照料，而且这部分人群(即受助者群体)应该不断扩大。有疾病的人应该接受及时和充分的药物治疗。

而且所有的这些步骤，最终能最大限度地关注到个人特征，每一步都需要我们的睦邻帮助。为无家可归者而建立的机构办事效率比较低下，除非他们学会如何在教会中吸引到年轻人，对个别被收容者来说，他们最大的需求是得到他人的照顾；除非他们能够引起那些“借助他人的思路”寻找工业机会的商人的兴趣。每个家庭都有一些自然而简单的救助方式。一些家庭可以购买该机构的劳动力或产品，有些家庭可以提供服饰来帮助一个有上进心的人，还有的可以为其提供一些工作。没有人认为传统的帮助方式在满足现代需求时是有待检验或无效的。

家庭雇用活动的慈善也应该被带到新的计划中。当他发现自己的一个女佣在他家的后门给所有人喂食时，他身为一个示范机构的工作者表示很困惑。他所负责的另一个机构，即他的家正在使另一个机构的目标落空，而他在这方面付出了更多的时间与思考。但是，女佣也是人，她们不会为政治经济学的格言或简单的命令所改变。新政策积极的一面必须被细致地解读给她们，并耐心地加以说明。一个房东一直向她的女佣仔细阐释每个在门前收到的帮助申请的结果。“你永远不会通过分发你女主人的东西而荣升天堂。”一个聪明的牧师向他的女佣说。事实是如此的简洁却又准确。真正的好房东将会培养佣人良好的睦邻习惯。

据说，一些帮助无家可归者的人不仅需要从长远来了解他们(受助者)无家可归的真相，同时也需要汲取知识，以便使他们(施助者)可以找到避免我们的现代社区出现越来越多的流浪者、流浪汉和乞丐的方法。这不是讨论更大的预防和镇压措施的地方，这些措施必须与家庭成员接触无家可归者的教育共同提出；但是，由于户主可以影响警察部门和州立法机构的政策，这里的一些由纽约联合申请局的 Orlando F. Lewis 针对“流浪汉”进行的研究所提出的建议应该被关注到。当他们发现公民都对影响政策感兴趣时，警方也将会对反对乞讨的法律实施表现出更高的兴趣。

> (a) 流浪乞讨人员擅自闯入铁路应当逮捕，并被苦役监禁，新闻界、警方和法官应该监督法律的执行，反对非法侵入。
>
> (b) 在乞讨者为城市制造麻烦时，应该有便衣的警察出现来进行逮捕，并做出相应的惩罚。
>
> (c) 由慈善机构运作的住宿房屋应该是同类组织的模范。慈善机构提供寄宿的房子应该是他们国家的标准型。向贫困者提供食物或住宿的任务应该要求合理的工作量作为回报，任务的功能是精神上的恢复。使大部分人虚伪或懒惰的方法显然是错误的。
>
> (d) 每个国家至少应该有一个为习惯性的流浪者建立劳工聚居地，为酒鬼建立医院。

从无家可归到城市乞丐，任何一个在门口申请获得帮助的人应该被告知没有帮助，但是应该有人可以迅速得到回应，帮助申请者拥有一个自己的家。申请人的名字和当下的地址应该打电话告知，或者写给慈善组织会社或相关的慈善组织，并且在申请书上尽可能地收集申请者的所有细节。慈善组织会社将会在24小时内拜访申请人并保证及时到达，如果需求紧迫或者紧急遇险时，服务援助要立刻进行，不得因为任何制度约束而延缓。之后要实施更加充分的家庭援助计划，具体的援助方式将在下章具体描述。

这里简要地提到三种乞讨者，分别是乞讨信作家、残疾乞丐以及儿童乞丐。

那些世代交替的老故事仍然是乞丐交易的库存。他们的古物似乎在许多人眼里都是圣洁的。乞讨信作家或许患了一种你刚康复的病，或者他最年轻孩子以你的名字命名，或者他需要的东西是如此之多(几乎总是一样的总和)以让他永远摆脱对慈善的需要；或者一个共同的朋友把他介绍给你，或者他对你某位刚去世的亲戚非常敬佩，或者他梦到你将会帮助他，或者是其他上百个同样不可能的事情。如果他可以让与他通信者相信他是写给其他人的，那他是幸运的。但是应该仔细跟进这些沟通(指来往的书信)，因为作者应该根据乞丐的实际需求而不是他们自己宣称的需求来帮助他们。

在另外一个种类的乞讨者中，技巧性不足但他们的呼吁成功率更高，对盲人和残疾人而言，坦率地说，这是很重要的。每个人通过生物本能隐藏畸形。当我们怂恿一个人通过他那干瘪的手去获得他人同情时，我们是在贬低他。我们经常给予这些肢体残疾的乞丐以最深的道德污蔑，（这种情况）也是客观存在的。盲人离开服务机构去街上乞讨，因为他们可以赚更多的钱，并有更多的自由时间。“盲人乞丐，”一个为盲人服务的领导人写道，“是一群真正威胁我们工作成功与否的人，他们的存在使得盲人更难以维持自我尊重。”否定盲人的社会存在是不够的，我们必须持续推进盲人工作，确保他们有更好的就业培训与更加安全的个人就业机会[①]，但是当我们对这种可以彻底改变盲人境况的方法不感兴趣时，我们太容易阻碍他们，因为我们总向那些在门口和街上的乞讨者施舍零钱。我认识的一个盲人拒绝了一份能给他带来他能获得收益的两倍且可训练他赚钱能力的工作，但他仍然和他的妻子一起在街上游荡，在街角吸引人群以此获得些微施舍。

跛子几乎是可以工作的，除非他们的畸形是非常不寻常的。一个声称二十年来从没有连续两个晚上睡在同一个地方的人，现在已经生活和睡在同一个地方好几个月了。当地的慈善组织会社通常尝试着去为任何一个可以被说服去工作的跛子找工作。

---

① 对盲人工业化援助感兴趣的学者可详见“Charities and the Commons, Vol. XVII, p. 405, sq”。

对在门口或街上乞讨的孩子来说,(我们)把钱或物品给他们的做法是很困难的。在每一次这样的呼吁之后,有成百上千个没有得到满足的需求需要得到满足,而不是一个;他们没有被满足,仅仅是在得到帮助的瞬间被成功地隐藏了。

慈善社会不能被个人的慈善机制所替代,它值得长期存在。慈善不能太个人化,但是,另一方面,它需要团结协作和聪明才智。一位纽约神职人员在纽约社会慈善组织上说道:"之后,我开始认识到自己在这个社会中的价值。"

我身上发生过一个个案,"我了解所有事情"对我来说没有调查的必要。当他要求我一个月给他十美元到之后的五美元,在糟糕的紧急情况下,(他)一次又一次(地索要)十美元,我继续给他,那时候我觉得,自己正在为缓解一个有教养的穷人提升资助;直到一两年以后,某种感觉让我感到怀疑,我说"我要去慈善组织会社的办公室",我走到一半,鄙视自己怀疑这些人,(因为)我知道所有关于他们(的事)。在向其中一名女负责人提出申请并将她置于保密保护下后,我终于问道:"你能告诉我,在你的救助名单上是否有这个人的名字吗?"她离开后很快返回,并给我带了大约半盒信件,我想应该是出自同一个人之手的传真,我从来没有意识到自己已经陷入了救助困境之中。因此，在那之后，我得出结论：对于那些我“了解所有事情”的案例，我应该参考案例进行进一步的调查。

为了使慈善组织会社完成工作测试的任务，（提供）旅行者住所或市政住宿的地址是非常必要的，（这样才能）给上门申请帮助的人提供有效的帮助。在一些城市里，无家可归的妇女被安置在临时住所里，而在其他一些城市，有一个（专门）为她们提供庇护的庇护所。警察总部应该把那些提供虚假借口与错误地址的顽固罪犯监管起来。许多人在获取帮助的乞丐的姓名与地址的过程中受到阻碍，他们报给慈善组织会社的信息经常是错误的；但是救助还需要继续，因为大量证据累积会使社会停止同情，停止用行动去帮助乞丐成为一种可能。不可否认的是，任何有需要的人，无论受过良好教育和值得尊重的人（还是其他人），对社会都是未知的，社会对待所有阶级和守护个人隐私都非常谨慎。如果没有参访的请求，慈善组织会社将不会有参访付诸实施，但通过实地参访确定申请人是否在其中央办公室登记始终是个很好的咨询方式。

陷入悲痛的家庭

一个大型城市慈善机构的工作人员每年都会遇到成千上万的遇难家属，当这个地方像乡村般简单的时候，回想起来难免让人有些许羡慕。慈善需求是简单且自然的，在他们需要帮助之前了解他们，是最好的帮助人们的方法，把他们当作与我们有共同职责和愿望的职员、邻居、教会成员和市民去了解。

但是，一个村庄成长为一个城镇，财富和资产也随之增长，这些慈善机构创造基金会来代替旧邻里的帮助，如汤基金会、燃料基金会、服装基金会。起初，在一些志愿者的帮助下，救助人数是比较少的，条件是较为容易的，这些救助性的慈善是相对安全的。但是，当村庄从城镇变为城市，城市变成一个具有吸引力的地方，伴随着很多工人远离乡村与海岸的时候，慈善救济就变成了毁坏穷人的一个导火索。在没有稳定的劳动力需求的情况下，让临时工在城市工作的救济并不睦邻；救济让他们以微薄的收入来工作，但对没有寻求帮助却获得救济的人来说，这种救济并不睦邻；鼓励一个弱小的妇女离开她的孩子去布置良好的酒吧和沙龙过着长时间的堕落生活的救助也是不睦邻；帮助一个人在获得保障的前提下来去自由，而他的家人与此同时还得到照顾的救济行为也是不睦邻的。但通常，这种恶作剧式的资金救助在激烈的工业竞争之前已经存在，在出现田德隆区和铁路流浪汉之前已经出现。而他们的受托人继续保持着所谓的“城镇时期”的救助方式，在冬天，他们继续向真实环境与真实需求相差甚远的申请人分发着燃料与杂货订单，延续着这种救济方式。

有什么补救的办法吗？（我们）发现理想的情况是回归乡村——也许刚开始是艰苦而笨拙的，但仍然是一种回归。为了减轻工作难度，城市各区必须被划分成可行的区域，小而细致到足够慈善工作者们熟知和充分了解这些区域。不管以前何时发生了未知的家庭不幸，无论是否通过向教会、私人住房还是乡下商业场所申请，都应立即向家庭所在的地区办事处报告；对于公民报告，应该保证在二十四小时内有工作人员到申请人的家进行参访，确定情况，即时措施应该被用于满足迫切性需求，在需求没有满足之前，任何联系式的拖延都不应该存在。这可能需要广泛性的访问；可能需要与旧金山或格鲁吉亚或缅因州进行通信；可能需要对许多不同的人进行仔细的规划，并对不睦邻友好的案例进行呼吁，一个慈善陌生人，都有可能是定期参访的睦邻人（也就是所谓的友好访问员），但仅仅是把旧时的村庄救助行为转化为现代条款，并应用于城市状况的旧时行为（是不合时宜的）。

在我们竭尽所能地处理来自陌生人的帮助申请时，实施这个计划的机构将不会因拖延而遭遇困难。社会慈善组织或慈善组织会社与相关的慈善机构，因为在不同的城市有不同的称呼，可能在不同的城市有不同的工作方法，在一些区域，某个制度计划将会比在其他地方发展得更好，(尽管进展不同)但实施这个制度的每个地方都保证了及时的参访与充足的照顾。最近的杂货店或煤仓遇到紧急求救的情况时，不需要等待问询人的报告，可立即制订更大的帮助计划，在此过程中提起申请的人将被要求且通常会承担一部分责任。

实际上，柯达慈善所宣称的“订阅我们，我们将会保护你免受贫穷，并为之努力”仍然处于慈善发展的“城镇时期”。在某种意义上来说，它是反宗教的，它使本就阻碍重重的富人和穷人之间又多了一个阻碍。另一方面，该机构企图发挥每个公民的情感能力和睦邻友好的优势，聪慧地利用慈善压力谋求慈善的最大效益，并一劳永逸地回到“村庄时期”救助的最好状态。

这样的机构不会试图以任何方式取代教会。无论任何一个教会关系被切断的地方，它都将寻求恢复；有几个教派的教会在不了解情况的状况下以不同的目标与同一家庭打交道，它寻求把他们团结在一起，并确保采取一致的行动，或把压力转移给合适的承担者。所有的做法都是为了防止其宗派意识发生改变。

以下是帮助建立家庭区域系统的四个不可或缺的特征。

(1) 一个可投入全部时间在工作上的高效的地区主管或秘书。

(2) 生活区委员会或会社须每周开展一次会议，它还须有密切联系的会员与教会慈善机构、医疗慈善机构和处理家庭困境的其他区域机构。这样的会议组织起来的时候，也将睦邻与各种社区知识结合起来。它应该仔细考虑为A、B、C做些什么(为救济对象做些什么)，而不是担心人们的福祉是否微不足道或不重要。在这样一个委员会中，代表越是多元化，它的判断价值就越高。

(3) 在委员会中服务的志愿者或友善访问员，还可以通过持续和友好的家庭访问执行委员会计划。

(4) 所有这些地区的工作人员和中心社会之间的关系最为密切，他们应该把社区的需要和邻里的观点与社区更大的需求联系起来，通过持续性的努力为各方面的立法与行政改革提供支持，并开展实用性的服务。

在工薪阶层与志愿者之间，如果没有真正睦邻精神的存在就不会有社会的繁荣。年长的慈善机构的代理人坐在桌前，把穷人分成“值得救助的”和“不值得救助”的人，让“值得救助的人”在杂货店工作，对“不值得救助的人”置之不理。无论是为教会还是为慈善机构工作的访问者，这样新型的工作者都是赋有同情心的，准备并愿意与所谓“不值得救助的人”一起努力工作，在物质救济不够的情况下，资源的需求量也是最大的；在那些物质安慰还不够的情况下，就像一本书中指出的那样，学校、医生、慈善机构的工作人员都是需要尽力的人员，需要通过迅速利用所有资源来帮助穷人提升自己的能力。

几年前，一名学校的老师向我申请了一个地区监督的培训。她被建议给在另一个城市从事慈善组织工作的大学里的老朋友写信。朋友回复的信件很有帮助，这里给出部分答复的内容。

……关于工作。我发现它是最有趣、最鼓舞人心的。通过工作，我获得了一个非常有价值的，可以过快乐生活的机会，它也是一个让我得到成长，并学习各种有价值的经验的机会。这份工作在不同的城市会有所不同，所以我不能给你任何关于费城的具体建议；我只能告诉你关于我自己的经历……在你进入工作以前，你必须下定决心你会同样喜欢或会学着同样喜欢富人和穷人、天主教徒和新教徒、犹太人和外邦人，因为他们都会是你的服务对象。你也必须准备好与那些令人不愉快或令人愉快的人一起工作，最重要的是，你自己对神在世界上存在益处的信仰必须足够坚决，只有如此你才不会轻易地沮丧和被你会看见的苦难所压垮。你必须能透过它看到好的东西。我不想吓唬你——这是一种艰苦的生活，但同时，也是一种非常令人满意的生活……在很多方面，它比教学更广泛，因为我们会与所有年龄段的人和不同阶级的人相处，并处理各种各样的问题，如身体上的、心灵上的以及精神上的。

这是一种高标准的专业服务，我很荣幸知道很多人已经从事了这个职业。而且这些专业的慈善机构也不可避免地会吸引到很多高层次的志愿者。

这些志愿者中有一些是初学者，他们是两三个家庭的友好访问员，起初他们不确定是否会受到欢迎，不确定是否会在他们不习惯的环境里感到陌生。但是后来 Shaler 教授指出了一个关于人类的令人备受鼓舞的事实。他告诉我们：

当我们看到一个人受了重伤，或者遭受了任何使他反常的痛苦时，我们所感受到的反抗就在我们伸出援助之手时就消失了。当一个受过良好训练的人予以同情时，这种非人性的本能式的偏见也会随之消散……通过意志训练可以为受难者提供强有力的帮助。

“接触”确实可以治愈许多伤害与偏见，一个多年来在危机和特殊困境时向家庭开展友善访问的人员证实，永久性治疗与帮助关系的建立常常不是单方面的，它需要各方共同努力。“如果我们能让人们意识到这一点，”一位志愿者在最近的一封信中写道：

友好访问的工作被安排得如此之好，以至于你可以努力做点什么，为其他人提供一个机会，我们(提倡)以最好的方式为别人做一些事情，而不妨碍其他人的利益。

在一个慈善组织会社中做这样的工作的一个好处是，参访者在确定的基础上开始(阐述)与家人的关系。我不能想到从一开始就存在的真实情况。那么，你认为在专业的慈善工作者已经做了一切可能的事情之后，人们会意识到这是一个纯粹的友好关系的领域吗？有如此多的家庭在做着出色的工作，以至于我不想花一分钟去举一个特别的例子；但是毫无疑问，我确信，那些慈善访问员的工作可以让家庭好好地在一起相处。我们有两个人，一个在纽约，一个在这里，但是这个家庭仍然在一起，并且相处得很好，甚至是在父亲离开去西部旅行的时候也是如此。

做一个慈善访问员既不需要钱，也不需要任何世俗性的东西，多样化的社会经验就可以把事情做好。例如，接下来的五段摘录是从友好访问员的信件中得到的，其中两个人是已婚妇女，两个是未婚女子，一个是寡妇。

也许你没有想到"友好访问"工作在家庭服务中产生了多大的影响。多年来，作为其中一个家庭访问员，我们一直在谈论和走访所有的家庭，除了让我们了解帮助他人的最佳方法外，它还对我们的生活产生了越来越大的影响。我丈夫在这封信里提到了我所说的那个酒鬼。

我认为访问的一大好处是给人一种更真实的比例感。对于那些倾向于认为世界是围绕着他们自己的孩子转的母亲来说尤其如此。我的家庭由一个寡妇和九个孩子组成，在我四个孩子的陪伴下，我非常激动地看到，一个残疾的寡妇(我)可以出色地管教着这九个孩子。

这项工作对没有孩子的人来说特别富有成效，因为这项工作给她带来了爱和依赖。

我为我的小女孩在学校取得的进步而感到骄傲，就好像她们是我自己的（孩子）一样！当我的朋友们搬到一个光线充足的房间时，他们用自己的积蓄买了一套 18 美元的家具，我觉得自己好像发财了一样！后来，当我的朋友生病时，她的穷邻居们用自己的时间（陪伴她），把治疗方法分享给她，而我的许多朋友都不会为我做这样的事——我更明白了真正的同情意味着什么，又学到了另一课。

当你问我我从工作中得到了什么、工作对我意味着什么时，（我可以告诉你）它拓宽了我的整个人生，它让我在一个人悲伤的时候做自己的思想工作。我知道，我在穷人之间已经有了一个非常忠诚的朋友。

这两者必须停止引证，否则可能会让我的信越写越长。

我已经做了足够多的访问，多年来，我已经收获了巨大的回报。我看到了结果，我亲眼看见了贫穷的孩子们成长为好公民。

我现在选择的家庭已经有第三代了，他们赡养并照顾着我。

也许有人会问，当介绍是通过慈善组织会社进行的时候，谁会希望与一个家庭建立起最虚假、最不富有成果的关系呢？的确可悲，任何家庭都应该是孤单的，很遗憾没有自然的机会能在彼此尊重的条件下使两个贫困的人结交为朋友；但通过地区委员会的介绍（来认识）有其自身的优点，一个优点是，对于最初的访问员来说，没有人会被送到已经被访过的家庭，并且有很多更有经验的工作人员随时可以提供咨询与帮助。强制力推进是不存在的，并且最友善、最具吸引力的关系也不是经常形成。这次访问的最佳论据是对访问的实际帮助，尽管从他们的角度看帮助远远不是全部。

“为什么，”一名法官对一个长期遭受丈夫虐待的妇女说，“之前你为什么不来找我？”“因为，”那个女人转向她的慈善访问员说，“到现在为止，我从未有过一个朋友。”意大利人习惯于向所有遇难同胞的访问者传达他的同情，简单地说，没有什么困难是她无法解决的。“你不去看一下Mrs. ××吗？”一个搬到另一个城市的贫穷的女人给她的前任访问员写道，“我刚听说她失去了丈夫，以前当我遇到麻烦的时候，你总是帮我做很多好事。”“看到她进来，我感觉好多了。”一位年长的肢障者谈起同一位访问员时说。

对陷入悲痛家庭的彻底的、有耐心的个案治疗带来了开放的心态和开放的心灵，并且（使得人们）愿意跟随事实清楚地引导内心，尽管他们在地球上的不同地方开展工作，但是他们发展了许多新的和有巨大帮助的方式。起初我们认为自己正在处理一个陷入临时悲痛的家庭，很快，我们发现这些悲痛是由糟糕的卫生条件造成的，更多的也源于社区对弱势群体、对残疾人、对童工的忽视；我们看到的是盘根错节的一端，几乎在我们知道之前，我们就参与了一场地方甚至全国性的消除苦难事件的运动。正是以这种方式，为了更有效地治疗有需要的家庭而组织起来的区域性社会组织成为健康运动（如针对纯牛奶和结核病）的推动者，这些是确保更好的租赁法律和更好的检查的先驱，他们在努力开展义务教育和反童工劳动，致力于从痛苦及其原因的实际改革中直接提拔一批有一手经验的工作者。

这似乎与地区办公室、区总监、地区委员会、友好访问员、住房改革委员会和卫生委员会的复杂安排相去甚远，只是针对旅行的抢劫者、撒玛利亚人和旅馆老板的简单故事。但是，正确理解的话，（会发现）这些改变是因我们生活条件的变化而产生的，结果仍然是一样的。撒玛利亚人的全部责任不能委托给其他人，我们也不能。他为受伤的人包扎伤口，帮助他，这是真正的睦邻（行为）；后来，由于他的个人资源有限，个人事务又占据了他的时间，故而他寻求客栈老板的合作。慈善组织会社是现代旅店老板的代表者之一，也是最有用的一个。

与本章有关的最重要的地址是慈善组织会社的中心办公室和最近的地区办事处。圣保罗协会通常在每一个罗马天主教区都有相应的组织，他们有着各种各样的民族救济会社，往往是针对各民族的普遍救济，通常是一般性的救济会社，还有希伯来人民救济会社也可以参考。

患病者

只有那些被困在接近绝境的人们才会意识到，在穷人的悲剧中，疾病所占的分量有多大。如果这不是更大的宿命论的一部分的话，那么他们就会有一种英雄般的耐心，把身体上的疾病当作普通事物来接受。他们没有对健康的愿景，也意识不到幸福的状态究竟意味着什么。在漫长而沉闷的名单中，每一个贫穷原因都会诱发疾病。如果在过去的五十年里，治疗和预防疾病的方法没有成倍增加，这将是一个令人沮丧的想法。

Osler 博士的一篇论文中引用了 John Henry Newman 的文章作为前言。“谁能衡量和测量这一代人从出生到死亡的痛苦程度？然后被加诸的这些痛苦将会在未来的几个世纪里降临到我们的民族上。”与“伟大的红衣主教”的心情形成鲜明对比的是，伟大的医生要求我们回过头来考虑一下，在过去的五十年里，医学的进步已经预防了多少疾病。他甚至大胆宣称，已经被阻止的痛苦总和超过了已经遭受苦难的文明社区。首先，这看似对医学的进步非常乐观，但是当人们考虑使用麻醉药物、控制流行病、无菌手术的进展，以及开展有效卫生时，（医学进步）却并没有像自己想象的一样（收效巨大）；这似乎是错误的声明，在他们欢呼时并没有理解真正的事实。

罪恶会导致疾病，并会继续引发疾病，但疾病也会造成罪恶;在这样一个世界中,尽管通过许多未成年学生的英雄主义,大部分可预防的疾病都将被根除,但精神力量将首次可以在这个地球的历史上,在自由的媒介中发挥着作用。

因此,在接下来的五十年里,睦邻活动的任何一个方面都没有改善人民群众的健康重要。一个加快基督王国到来的人应该意识到拥有健康的众多路径可能被带入最卑微的人的家中,并最终获知那里不适合居住,但那也是一种永恒的祝福。“我来了,”耶稣说,“他们可能会有生命,他们可能有更丰盈的生命。”“这样的生命可能会在痛苦的神经中流淌,把苦难转化为天堂的大门,我们已经看到和知道了。”但疼痛比其转化时间更长;乐善好施的撒玛利亚人知道这一点,赶紧用油和酒为受伤的人包扎伤口,并将其带到了旅馆的庇护地。

在这些简单的手段和现代手术的精心设计之间,愈合的艺术走过了漫长的路;但是,随着人们进出法庭和胡同,居民的救援手段似乎经常被切断,以至于受伤的人躺在朱迪亚的荒野中(而无人问津)。这意味着在现代城市,由于他们的无知和我们的忽视,仍然会切断他们赖以生存的资源。所以很少有可用的资源被利用,因而撒玛利亚人仍需要建立这种联系。

每个人都可以提供帮助,不用经过很多多余的步骤,只需要将这本小册子[①]放置手边或拥有一些救援地址，以此确保病人可以获得及时援助。当我们为病人做出援助时，医务室、医院、来访的护士、(为)病人供餐的厨房、修整的奶站……都应该在联系与考虑的范围之内。在那个地方，我们会很困惑地发现，在所给的案例中，来帮助我们的最合适人选总是慈善组织会社。

只要我们对病人有任何影响，我们就可以利用它来发现早期的疾病症状并给予及时的重视，在这种情况下，欺骗性的治疗和低效率的医生就可以得到避免了；之前的这些治疗耽误了病人的病情，以致不能让他们快速返回工作岗位。我们当前的医疗资源在治愈疾病时是相当充足的，但是治疗者是没有被恰当地使用，以至于多次浪费。恰当合理地利用最好的医疗资源可以节省多年来因健康不佳所导致的资源消耗。当医院或医务室使病人逐渐康复时，比起我们做的那些睦邻友好的事情来说，这就是我们最想看到的，而不是让他们过早地返回工作岗位，因为他们的健康是建立在逐渐照料并恢复的基础上的，全国范围内都应该这样。在农场或康复中心各进行为期两周的恢复，将会对男性工人和女性工人完全康复的机会产生不同的影响(说明康复场所的重要性)。

① 指本书。因本书的英文版列及大量救助机构的地址及联系方式，故有此说法。中文版本不涉及上述内容。

关心全体人民健康的睦邻友好（行动）可以在自己家庭很好地展开。举一个最简单的例子来说，即使在旧罐子里，死水也会滋生蚊子，蚊子会传播疾病。无论我们是否远离了容易滋生灰尘的季节，我们都要注意垃圾的处理和街道卫生情况。我们要确立一个决心，即不要让我们负责的家庭生产过程或工业化生产过程污染空气和水；为我们的佣人提供通风良好的卧室，所有这些平凡的事情，爱国主义和宗教之间关系的良好感觉，是我们睦邻友好最终得以建立的基础。

在我们现在知道如何预防的疾病中（如痢疾、伤寒、黄热病等），造成最大痛苦和死亡率最高的是结核病。抗击结核病的运动很好地说明了处理危机的有效方式和无效方式之间的根本区别。我们可以看到，许多基金救助时期，如"城镇救助"时期，（其救助手段）虽没有加剧贫困但也没有触及贫困的原因。它（这个时期）鼓励童工、过度拥挤，且所有导致结核病的社会弊端都在其中；然后，它以一种传播疾病的方式照顾结核病人和其家人，或将其送到一个更健康的环境中，但那里却没有足够的设备来保证他的休息与治疗，所以他很快就死了。

我们一点一点地学习着，然后把我们学到的东西应用于实践。早在 1839 年，一个英国医生就主张（食用）有营养的食物、（呼吸）新鲜的空气和对消耗型疾病（肺结核）进行持续监督；科赫在1882年发现结核杆菌;但直到1902年,当纽约慈善组织会社组织其委员会预防结核时,我们才开始在这个国家开展积极的普遍性运动,以确保寻求治愈贫困肺结核患者的治疗手段,并向所有人说明该疾病的传染性和可治愈性。

因此,这场运动将教育我们的国人,他们的习惯不仅能预防结核病,还能预防许多其他疾病。

不久之前,这个城镇或乡村的房子看起来建得很拙劣,因为它没有可以在户外睡觉的门廊,也无法保证起居室里有充足的阳光。我们学会优先选择那些不招尘或不吸尘的面料。我们应该尽快解决那些允许生病牲畜(奶牛)和劣质牛奶流入的卫生局。我们应给予这样的理事会更大的权力,以使他们不仅可以控制因其个人习惯而疏忽大意的结核病人的运动,还可以为他们提供适当的治疗。我们应该坚持为这类病人所生活的所有房间尽快做消毒处理。我们应该在疾病的早期治疗中寻求专家的意见,并为那些已经病愈的人提供健康的就业(即不会危害健康的工作)。我们应该了解简单食物的价值。我们应该知道,比起药品,这些东西更加重要;尽管一位伟大的内科医生宣称,人类是唯一天生渴望药物的动物。

大多数新学习的知识将会为那些没有生病的人带来更多福祉。当新学的知识起作用的时候，让他们记住，他们应该为那些努力模仿撒玛利亚人和救助受伤旅行者的人送上新的祝福。现在，为了帮助这个特殊的事业而做的任何事情都是值得的，这是一场尚未打赢但很快就会赢的战斗，这对全人类的福祉都将是一种贡献。

新唤起的对所有影响健康的事物的兴趣表明，在这方面，我们可能发现了一些应对其他疾病的最好方式，而这些疾病一直困扰着我们的邻居。

其中最大的一个问题是酗酒。在淫乱之后，它（指酗酒）仍然是导致大多数贫穷和堕落的个人习惯，这种习惯不仅让个人受到伤害，而且他的后代也不会幸免。如果我们能够听从有勇气的医生的指导（这些医生能够坦率地、公平而冷静地说出酗酒和淫乱的真相），我们会不会能更加有效地解决这两个问题呢？在卫生方面，我们同样需要更多的关于童工劳力的社会成本的事实和研究。我们知道，这对个人和社区来说代价非常大，但现在我们需要更多的细节。

> 在当前的公众情绪状态下，许多其他公益事业的倡导者可能会发现，他们最强的吸引力是强调每一个人与公共

卫生的关系。我指的是改善学童的身体福利，有组织与我们的学校系统进行广泛的合作活动，系统性地研究从事危险职业的已婚妇女和女童，更好的工厂和车间卫生与应用程序严格的新移民卫生测试。所有这些都与公共卫生有着非常直接的关系，在这方面，人们最愿意倾听和行动。

但我们的市政府和州政府要为水和牛奶的供应、污水处理、住房条件、传染性疾病和食品掺假等极其重要的问题承担很大的责任，而允许他们胡乱处理或干预的我们也承担同等的责任。无论何时，作为选民，我们出于党派或个人考虑忽视了这些问题，我们“绕过了这些问题”。

或许，即使出于对病人的救助与治疗(的考虑)，偌大一个城市也没有人愿意承担收集所有机构地址的使命。但这些对于卫生局、大型医院和诊所、抗结核病学会、访问护士、病人膳食厨房、改良的奶站，以及重建中的家园是不可缺少的。

捐 助 者

在前面连续七章的内容中，我们已经了解到睦邻友好的城市邻里的命运，我们将他们看作有孩子、劳动者、房客、流浪者以及无可避免的不幸和疾病的受害者。睦邻友好本身也与我们有关。首先他们是财富的忠诚管家，无论多少，都已委托他们保管；然后作为一名基督教教会的成员，当他一旦宣誓并做出承诺，就会是一个更好的睦邻者。

在适应过程中每一次真正的进步都包含着某些缺陷。例如，新的反对传染病的运动使得人们过度害怕与已被良好训练过知道如何照顾自己以保护他人的结核病患者接触。这也对那些本不该被排除在旅馆、寄宿房屋以及工作场所之外的患者造成了真正的困难。新兴的慈善事业为那些不愿付出的人找到了借口。原本已经表明了十个可以被有效满足的真正需求，但由于这些胆小的施予者（无疑是被这些说明真相的习惯方式吓坏了），而使得这些实现可能性的通道都被关闭了。

此时应该指出的是，“城镇时期”救济的弊端之一就是它的吝啬。当时人们为了避免使接受者变贫穷而吝啬，并且给予很多人的吝啬的施舍（通常每个人获得的施舍金额是一样的）使得那些苦难者又将进入新一周的困难，不仅如此，更使得他们陷入一种不幸的状态。大额捐款相较于小额捐款的一个好处就是可能更有教育意义。在进行大额捐款时，我们通常知道我们在做什么，然后进行捐赠，并且会更注意结果。如果人们在很长一段时间内不定期地花 100 美元在价值 1.5 或 2 美元的杂货订单上作为捐助，那对于提供者、接收者或者医疗机构来说都没什么帮助。当然还是会有结果，但这种结果（对其帮助）通常很少是明确和肯定的。对于那些捐赠者、接收者以及计划设计者和实施者来说，把钱一次性花在一个地方是一种挑战，比如花在让一些家庭成员从事商业活动或者全体搬迁到一个新的环境，或者为病人提供特殊的照顾方面等。它也许会失败，但至少人们知道了失败的原因，并从中吸取经验，在未来面对特定的求助者和其他所有人时会有所帮助。求助者会在直接捐赠过程中钻空子，换句话说会有一种投机的心理，意味着站在原地等着别人来帮助，这种心理是在贫民的惯性思维及受到吝啬的救济结果的共同影响下产生的。

当我们将这些直接物质捐赠给那些有需要的人时，只要是基于对真实情况的了解，并能寻找到解决困难的办法，这样的捐赠方式就是最好的；但当我们考虑到好邻居的直接捐赠时，并认为他在很多方面都做出了贡献时，最显然的事实就是，当他的善良为众所周知时，他就会被各方的、各种形式的请求所淹没，如通报单、个人信件、来自捐赠者与未捐者的各种参访等。而他所能做的最不友好的事情就是拒绝所有人，这至少是一些撒玛利亚人和旅店老板的真正接班人做的。下一件他可以做的最不友好的事就是给所有人都捐赠，或者是随机性地拒绝：

> 不给前二十个申请者资助，给第二十一个申请予以资助，不管是喜欢或者讨厌，就是选择那一个。

他将通过支持糟糕的工作来阻碍善事的进行，并给愚蠢的、反动的和堕落的人注入勃勃生机。

那在捐款之前，捐赠者需要知道什么？芝加哥慈善局列出了下列问题清单，即捐赠者做出一个明智决定时所需要了解的最基本信息：

> 慈善机构是在做实事还是只是在欺诈别人？
> 慈善机构是否满足了社会中的真实需求？
> 慈善机构是否管理得当？
> 慈善机构是否采用了被认可的方式？
> 慈善机构的财务运行是否按照商业的方式进行？
> 慈善机构是否采用了大量的筹款方式？
> 慈善机构的所有收入和支出是否妥善管理？
> 慈善机构的收入来源是什么？

慈善机构需要多少收入?

要求有所贡献的委托人要委托的是什么?

如果出售活动门票,其中有多少的收益将实际作为慈善机构的运行成本?

慈善局还给出了所有芝加哥慈善机构对这些问题的回答。一些其他的慈善组织会社还会向其会员及当地组织提供机密报告。

在一些城市商业机构已经被组织起来,不仅针对慈善机构做报告,同时也根据教育方面的要求和广告计划的需求做报告。拿我观察到的来说,目前为止,那些试图对慈善的报道是远远不能令人满意的。在董事会或咨询委员会中,有影响力的人的存在阻碍了报道的进展,如最具欺骗性的发起者通常能够获得较多的支持。但是据我了解,这些机构对于这些令人非常怀疑的事情给出了很好的报告。有些信息是最基本的,具有很强的实践应用性,但有些却是缺失的。慈善机构可以满足其报道的最基本标准,但却仍然对穷人造成了巨大的伤害。因此,将他们的工作限制在合法的企业领域里似乎是最好的,并且可以向那些既勇敢又公平的慈善专家寻求关于慈善事业的建议。

公布慈善机构出于善意去做善事最后却办了坏事的真相是需要勇气的，因为良好的动机在我们眼中具有某种神圣感（尽管我们有权相信他们最主要的作用是铺路）。

获得大量捐赠的慈善组织是独立于公众舆论的，它们的管理人员变得消极倦怠，不受那些明智捐助者的批评的影响。但慈善机构对捐助者的态度会影响到慈善机构每年的捐赠，使得捐赠金额或高或低。捐助者可以使他们保持高度的专业责任感，他可以对那些为富裕的赞助者提供更多服务，而相较之下对权势较小的人提供较少服务的慈善机构表示蔑视，他可以不赞成收取款项人员拿大额回扣和收取高额门票的行为，他可以阻止那些通过完成指标任务来争取获得支持的趋势，他可以知道哪些费用是由能够做出贡献的董事承担的，更重要的是，他可以了解那些董事是真的了解慈善事业的政策还是只是挂了一个头衔。他不仅仅可以询问医院或诊所的就诊患者数量，还可以在任何情况下对每项治疗中（每个病人获得的）护理的数量和质量提出质疑；针对社会救济，（我们）在乎的不仅仅是救助物资的数量，而是所惠及的家庭是不是变得更好了；他对每个慈善机构要求了解的，与其说是工资花了多少钱，不如说是领取工资的这些人的工作质量。

薪酬是一个很重要的议题。有大量的钱被浪费在效率低下而不被需要的员工身上，还有更大金额的钱被支付给那些通过付出智慧和忠诚为穷人提供服务的工作者。当我们花钱为给贫困的人提供地区护士的时候，我们不会说我们是给护士提供报酬，而会说我们将钱花费在穷人身上。当一个协会在进行救济的相关工作时，捐助者立刻开始计算"捐赠一美元"的成本，同时对于捐赠的美元所能承担的作用有了监督权利，不管是对儿童的救援，还是对那些抛弃妻子的逃兵的惩罚，甚至是困难的补救措施都有监督的权利。

当人们制造鞋子时，他们是否要把所有的劳动花费纳入管理费用当中？慈善团体中，会计、收银、办公场地租金、天然气以及供暖等方面的花费是否要纳入管理费用当中？而那些将自己投身于帮助有需要的人的事业中的男男女女，为有需要的人提供大大小小每一个可以想到的服务，他们的报酬应该是什么呢？可以肯定的是，去改变那种反对计算"失去一美元"的成本的行为是一种非常愚蠢的做法。然而，每一个地方的所有人都愧对这个行为，各地所做的一切工作就是最好的回应。

当她在一家大型慈善组织会社做秘书长的第一年，她的一些董事担心她可能有一点狂热，并告诫她要重视穷人在冬天的取暖和温饱问题，毕竟那才是最重要的。

但是两到三年以后，当其中一个董事读到了她所记录的一个关于一位贫穷的结核妇女和她的小孩住在一个糟糕的住所，每周收到一份由救济协会提供的七十五美分的杂货订单的档案时，这位董事有了新的理念。尽管来自另一个城市的参考资料都被证明是虚假的，但是慈善机构的代理人恰好询问到男孩进入了什么样的学校，这个线索带来了一个关于小康家庭的有趣而又奇怪的故事：一位低能的妇女与她的孩子在6个月以前走失了，妇女因为缺少食物而又长期暴露在外感染了结核病，家人们在很多城市进行寻找，最终都没有找到。最后，通过训练有素的护士的48个小时的询问后，这位妇女重新和家人建立了联系，走失的男孩也回到了学校，两人糟糕的状况变得越来越好。所以提供杂货订单或是充分的照顾，哪种救济方式才是更好的？

在读完档案的几周后，这位董事的熟人对董事说，他的组织花了太多钱在工作人员的薪酬上却不是在救济上。这句话使他热血沸腾，他强烈地反驳说，这位代理人提供的服务恰是穷人所需要的。现在的服务与充分的救助决不矛盾，奇怪的是，那些认为救济仅仅是解决温饱问题，其他事情都不做的人却从未做到如此充分，像这种协会仍然要在个案上筹集和花费大笔资金。

真正有益的善举的进展是如此之大。现在有大量的机会去有效地进行支出——可以为了更好的健康、更好的道德、更好的赚钱能力、更好的公民而进行支出。而与因马虎粗心的捐赠者促进了欺骗而犯错的慈善机构相比，以前（的做法）是一种更不可原谅的粗心。

但每一种新形式的有效慈善事业都有诈骗性的效仿者。比如，一个自称知道如何制定有吸引力的通告的冒险家声称要发起一个全国反对结核病的运动。他获得了一位科学家、一位主教的妻子、一位杰出的医师以及很多人的支持，筹到了几千美金，但随后他就连夜搬出了需要支付租金的办公室。一个可耻的企业声称，他们通过出售纸张得来的收入来支持几个城市的日托机构的运营，尽管被反复曝光（该企业并没有这么做），但它仍然在商业部门进行游说。事实上，现行欺诈案件中所要求的证据是很难对这种罪犯进行定罪的。

捐赠者也应该对声称自己是传道者的慈善机构的创始人保持警惕，因为他们是主要的执行者和专业的推动者。传道者和施赈人员进行着需求征求和分配救济物的工作。在过程中，他们也许是诚实的，但往往不是。没有人去检查他的工作。因此，他陷入了一个尴尬的处境，即不得不自己去评价自己的工作。慈善机构的创始人选择用董事会的形式进行管理，创始人又通过选拔的方式依次选出监事会、首席执行官（秘书长）以及财政官。这又处于一个尴尬的情况。这样有组织的机构有时会受到关注。而“专业的推动者”是为了慈善事业而开展娱乐活动。有时穿着得体的女性会通过一些慈善机构的董事或朋友的介绍向企业以及家庭进行售票。没有人会检查销售的情况，这也使得一些毫无道德的男男女女在从事这份工作。对于这种情况，有两个规则可以保护捐赠者：第一，不要购买那些有慈善意义的娱乐活动的门票，除非是那些你亲自了解的活动；第二，对于授权给专业推动者并以其名义进行交易的慈善机构进行警告——如果有这样的行为自己将撤出支持。

如果捐赠者可以在捐赠之前寻求睿智的咨询，捐赠之后可以负责任地不断跟进结果以达到预期效果，那这样的方式可以让他获得双倍的快乐。如果他对慈善事业感兴趣的话，那他可以获得四倍的快乐。我想很少有人会比那些根据自己的判断而直接慷慨捐钱去帮助慈善对象，并且之后又自己去跟进活动来保证效果的人更幸福的了。但并不是总能同时保证自由地使用自己的时间和金钱，以确保服务活动仍然可以通过提供睦邻性与有益服务的方式来实现。

尽管人通常是从好的动机出发，但他们仍然会做出伤害他人的事，或者说他们的善意会随着情况的变化而减少。一个英国的经典例子是，贝顿把 22 000 英镑花在了赎回在土耳其以及北非的英国奴隶上。而如果有人认为自己能够比贝顿更好地预测未来，那可能是自作聪明的想法。在北非海岸俘获英国海军的行动已经在很多年前就停止了。而其他协会的变化也越来越大，可以肯定的是，未来的我们一定会觉得现在的行为似乎是愚蠢的。

一位生活在南华克区的费城公民是一名美国不知名党派的成员，他于 1849 年去世，留下了足够每年可以买大约 1 450 吨煤的钱。这些钱被用来救助寡妇，救助的范围主要是“出生在美国且其丈夫死在了南华克区域范围内”。但是南华克区现在已经成为外来人口居住的中心，那些寡妇通常都不是在美国出生的。尽管它的善意是纯粹地向申请人发放给他们救助品，但是也许再过 20 年也无法履行这种信任了。

对这种罪恶的补救办法掌握在立遗嘱者的手中。二十五年后，有智慧的捐赠者将不会施加硬性条件，他会明白，如果他考虑到这一代人以及下一代的人而制定合理的政策，那未来的接班人也将会是明智且能够适应社会的快速变化的。

另一类人的决定从一开始就是不明智的，比如在一些开展了服务需要进一步支持的机构已经存在的情况下，重新建立一个新的相似的机构，这也使得我们的城市背负了太多服务于同一群体而能力又有限的小机构。因此我们可以在决定建立新机构前了解已经公布的慈善机构目录，同时最好还要咨询一些了解城市资源的人。在美国的大多数城市，对两类人所提供的服务是不足的，分别是贫困的老年人以及处于恢复期的病人。针对现有的家庭实行更好的养老政策，以及制定能满足这两类群体需求的政策是有必要的。

许多捐助者都会习惯每年固定捐款给一系列的慈善组织。如果经常查看并修改慈善机构的列表，以确保列表中的慈善机构的现行管理是符合现行需要的，这将是一个很好的计划。而现在的慈善捐赠者的一个做法需要修改，即为所有事情提供相同捐赠数额的习惯；捐赠金额应该与机构所提供的服务相对应。给为 60 个暂住的人提供避难所和不充分照顾的小机构和全市最大的慈善机构都提供每年 25 美元的支持是十分不公平的。

然而,如果这些注意事项都被妥善解决之后,捐赠的最大收获是我们通过分享而得到双倍的财富。作为重新被发现的真理,它就像我们这个时代的特征是贪婪一样,是二十世纪睦邻友好篇章里最令人鼓舞的事实。

教会成员

关于睦邻慈善的粗浅研究已经到最后部分。我强烈地提醒那些虽然几年前被认为是普通人但目前在大城市的教会里担任职务进行服务的人，他们的服务对于许多人来说仍然有鼓舞作用。虽然我和教会中的人的信仰有很大不同，我也很少去听他们的传道。但就我们所生活和工作的城市来说，任何公共事务无不受到其日常传播基督福音的影响。交错的城市网络里，有着复杂的人际关系、政治、教育、工业和社会。在这张巨大的网络之中，看似其中形形色色的东西都很稳定，但其实有着强烈的对于精神匮乏的同情心在其中。

一些牧师感受到了这个“城市的感召”而将自己的生命无私地投入到这个工作中去，做出了许多努力，担任了许多董事会的董事，出席了许多会议，并就各种各样的议题发表了讲话。但其实这不是他的任务。而使得自己和其他基督教的教徒能够得到锻炼和发展才是他的最高职责。他自己的工作任务要求他首先去考察他们所居住城市的需求，其次去建立满足这些可能性与需求的机构，最后是发展人的能力。城市就是他们的工作场所，在其中去自由地满足人们的需要，把每一个令人振奋的可以促进发展的工作与他们联系起来。比如，一些人参观了监狱后，成为个别男孩的缓行官志愿者。一些人成立了为相对比较贫穷的贷款人提供合理贷款的公司，还有一些人在市政运动中努力工作。教会中的妇女在良好的指导下探访一些遇难家庭，以使他们无虑，并给予他们医院委员会和儿童工作方面的有效援助。

教会没有慈善团体的办公楼，没有新的慈善机构可以被自豪地拿出来说；但整个城市都被其布道的力量所感染、所信服。但是在教会以外的地方人们却感受到了这种力量，人们认为他们所做的所有工作都是宗教的工作；他们总是如此看待它，认为自己首先该忠于的是教会和其领袖。有时我作为旁观者看来，教会在社会中扮演着一个重要的角色，它使人们从中汲取新的鼓舞人心的精神力量。

当然，这不是唯一的途径来说明教会在其人民生命中就像是撒玛利亚人一般的存在。有很多种方式可以说明，并可以随着牧师及其教徒能力的不同而有所变化。但是这种方式让那些有远见的人看到了一种全新的尊严。

花片刻时间来考虑关于教会的另一种情况。一个年轻的牧师来到了一个建设完善的城市教会中，教会已经开展了许多慈善活动，包括一个救济妇女的协会。这位牧师对于教会应该是什么样，应该做什么有着崇高的理想。宗教纷争对于他来说是微不足道的事。如果因为其他宗教如浸信会或长老会在一个领域中开展了服务，我们就要在同一领域开展像孤儿院、营养厨房或者母亲会一样的服务，在他看来就是完全混淆了教会的真正目标。那对于牧师的工作来说将会遇到什么样的障碍呢？首先他必须克服自己教众中作为人类的天性。而克服人类心灵与生俱来的自私的最好方法就是，对每一个小小的闪烁着愿意帮助他人的愿望进行鼓励；他意识到，在已有的通过传道使教众摆脱自我的基础上，有必要给予他们充分的机会去觉醒意识，他认为慈善活动就是一个（觉醒意识的）重要方式。

他将他的教会转向至救济协会及其他慈善机构。这里，也往往是烦恼开始的地方。我们的牧师是一个忙碌的人，慷慨地奉献出自己的时间和同情心。除了教会服务需要承担的严苛责任外，疾病、诱惑、灾害这些工作都对他提出了很高的要求。因此，他没有足够的精力去帮助每一个刚进入慈善机构的懵懂初学者打下坚实的基础。很快，他发现：由于缺乏有经验的领导，使得教众虽出于好意去帮助穷人，却导致穷人对教会的帮助越来越依赖，他们逐渐丧失了与生活对抗的决心，越来越不愿意奋斗。而看到这样没有任何规则可言的社会疾病出现在他的慈善教会时，他的心里很不舒服。

没有必要告诉孩子们在其他教会的周末礼拜仪式上可以进行七次洗礼、享受五倍租金、供应新教和天主教食物，而家庭收入则用于饮酒和周日野餐。如果那些对于处理相同家庭问题有用的方式并没有搁置，如果对自己的教众和对穷人的道德影响没有那么糟糕，那金钱和时间的浪费将只是一个小问题。每个人对他人都会有偏见，而这种因为捐助者好心办坏事而导致受助者产生依赖的非正常关系已经持续了很长时间，任何理性而正确的关系都很难被建立起来了。但是有一点他很清楚，我们不能通过让人类变少而获得进入天堂的机会。他现在所面临的问题就是，如何将这些想要做好事的愿望转换成合适的方式和实践，这是非常有用的慈善方法。

是我夸大了它的难度吗？很多教会拥有大量的教众。为了确保教会目标的实现，需要那些熟悉穷人在城市中居住环境的工作者，以及那些有足够时间去指导教会中初学者学习如何认真且有质量的完成慈善活动的工作者（来辅助工作）。但事实上，教会中缺少这样的援助（确实很多教会都缺少这些援助），我们的牧师应该找到这个城市中能够理解自己需求并且愿意给予帮助的慈善团体和机构。尽管在寻找过程中，他往往找到的是只注重短期目标的机构。但是从慈善经验来看，他决定深入了解他们的教众，并且根据自己意识到的慈善工作所需要的知识和技巧对他们进行培训和练习，使得他们未来无论去到教会还是慈善机构都能够很好地完成工作。如果进行训练以后，教会再将工作者派遣到公立教育协会进行学校考察，或是在医院院长的带领下进行参观，或者在慈善组织协会的带领下进行家庭探访，或者去解决俱乐部的问题，都能够变得更加有效。而慈善组织要明白，正是因为在一些教会中拥有领导力，所以如果有一天工作者离开了，他们仍然会继续去其他地方行善。

在教会和世俗慈善的关系中，教会应该学会广泛地诠释“宗教工作”的内容，但不该承担所有的捐助工作。教会提供了精神动力，慈善应该提供方法。有时，作为教会，更为重要的任务应该是将那些有助于解决社会问题的经验积累起来并提炼成系统的方法，可是它并没有做到。而精神动力与方法，两者相互影响，缺一不可。任何夸大世俗慈善机构作用的假设都是荒谬的，就好像城市里水管和水库一样，他们变得自负，并且认为自己是水源提供者(一样荒谬)。几个世纪以来，慈善一直在依赖教会，把它作为力量的来源，并且必须继续把它看作远离世俗的、未被影响的精神支撑。另一方面，教会也该寻找书中所描述的慈善类组织，为社会带来便利。

慈善工作的发展常常使我从抑郁中振作起来，但我在这里想说的是，它与教会工作的发展密切相关。请让我们站在一边再思考一会儿，努力去看到我们永恒的文明力量对于慈善目标与方法的重塑。

从宏观来说，这一过程似乎说明：一方面新的利益和新目标永远存在，另一方面又将整个慈善活动群体永久地吸收回所住的社区生活。举很多例子中的一个来说明：比如我们一度通过建立育婴堂、孤儿院、慈善日间学校来满足对儿童的关怀，这些学校满足了儿童的基本需求，使得他们能够重新回到正常的社会生活，同时也扩大了这些学校的教育系统，这些都成了慈善的起源；但是随后慈善就发掘了新的需求以及领域——被虐待儿童的保护、儿童在家庭及在幼儿园的照料、他们的身体训练及福利、对他们过早就业的保护等，而这些新的目标也会及时融入所有人民的日常生活中，被人们接受，成为人们生活的一部分；储蓄银行作为慈善工作的一个部门也开始成为慈善机构，但是现在，它几乎完全融入人们的日常生活，而几乎不知道它原来是汉堡救济体系的一部分；医院也已被部分融入；而许多有用的机构也经历了相同的过程。所以我们可以发现，慈善事业不断在进行立场变换——不断地探索需求，不断地整合，不断地回归社会。

教会成员在观看这个充满着人类希望的运动时，经常会困惑这个运动过程与基督教教会有什么关系。这个关系确实不能够被明确界定。任何人都不该尝试对它进行断章取义，没有人能够预言慈善事业的世俗化能够走多远，或者说多久可以脱离教会的控制。在某些需要大规模保持一致行动的领域里，教派的分歧在极端保守的过程中顽固存在。例如，为了确保教会内部的需要，不可能组织一个严密的组织来有效反对童工、结核病以及不良住房问题。而没有教会的支持与团结一致，一项运动也成功不了。

慈善与教会的关系问题难道不是更大问题中的一部分吗？我们是否都没有发现，在一个更加广泛与令人印象深刻的范围里，教会与慈善事业有着同样的探索、整合、回归社会的过程。年长的牧师是第一位内科医生、第一位政治家，是虔诚的教学老师的守护者，他们经过长期的学习，尽管确实经历了黑暗，却仍然保持着内心的热情。从某种程度上来说，教会已经让渡了对治疗、管理和教育功能的控制权力。很少有人会质疑它的精神生活是否得到了加强。

让渡的是些什么？那这些医学、治国之道以及教育又是怎么繁荣起来的？对我们自己的国家而言，特别是对于城市来说，这些事物的发展存在着一些缺陷。而其中最大的缺陷就是缺少精神力量。时机似乎已经成熟，宗教领袖们或多或少都开始意识到这点，并且开始不断地创造机会，（但这个机会却）不是让他们回归到教会的控制下，而是（使其）通过服务的方式回到世俗的范围内。

我们通过权威赢得了什么吗？没有！我们通过影响力获得

了什么，通过影响力我们获得了理解与关爱，并一直保持着这种影响。每个人对于教会都有着希望其不断发展，并取得更大成效的愿景，教会通过整合，使得这个世界成为精神国度，通过更大更具有包容性的睦邻友好来打破宗教与世俗的界限，获得世界各地人的心与灵紧贴在一起（至少在社会服务领域，他们之间的界限应该是模糊的）。

我先前已经说过医学、治国之道、教育中缺少精神力量。而我们医生中的智者也开始意识到这个问题，如果他们想要成功地治疗大量疾病，他们就必须获得更多关于社会与精神方面的观念。对于我们大城市中的政治，我们可以质疑它吗？政治相较其他事物需要更多的宗教信仰。

我们通常会逃避校园中的宗教课程问题，宗教教派的差异也使得问题解决起来变得困难。但是，与培养更大学习兴趣的学校相比，教会可以在睦邻友好方面做出更多的工作。[①]

目前，随着慈善已经被慢慢世俗化，这对我们的城市带来了重要的影响，我们需要加快宗教精神的传播，我们需要教会成员更积极地参与进来。翻开近期社会工作的书籍，遗憾地发现，在

① 这条来自 Bishop Westcott 的引用是一位朋友发给我的：与校长一样，我相信不仅仅是神职人员重视这一代人的塑造，因为这将在很大程度上决定着未来的英国是怎么样的，是动荡、分裂、自我放纵、物化，还是加速精神力量传播的进程，努力实现民族理想？而那些具有牺牲精神，为共同利益而奉献出财富、地位、品格的精神令人感动。

很大程度上，人们理所当然地认为只要通过立法和大量的金钱支出，事情就会变得更好。“只是因为这两件事很重要，”Rey. Clement Rogers 说，“对于那些想把宗教崇拜与宗教组织严格区分、不同于基本教义的基督徒来说，在社会工作中保持中立的合作是非常重要的，且在任何需要无条件牺牲的情况下都应该这样做。”这是从教会的角度理解的，但是从社会工作本身来说，需要有为教会成员奉献的精神品质，且只有他们才能带来这些，这些是社会工作极其需要的。

当耶稣回答律师的提问时，他给出了睦邻关系的完美蓝图，可以说“每个词都是一个独具一格的珍宝”，他不仅仅是回答了这个问题，同时对于律师闪烁其词地问“谁是我的邻居呢”，他想到了一个更广泛的问题：我要怎样做才能承受永生？这样他将我们日常生活中最卑微的职责以及最深层的需要联系在了一起。只有一半的法律在履行对上帝的爱。“他没有履行对他所看见的兄弟的爱，那他怎么履行对无法看见的上帝的爱呢？”

译后记

一直以来，我对社区治理与慈善组织怀有浓厚的兴趣，也希望能在该领域内有更多的研究与实践机会，以期为今后的发展奠定一定的基础。当有幸翻译玛丽·埃伦·里士满所著的《现代城市里的好邻居》一书时，我对此感到由衷的欣喜。如今终于完成了全文的翻译，我被里士满所倡导的睦邻思想与慈善理念所折服。

出版于 1908 年的《现代城市里的好邻居》是具有里士满代表性思想的一本书。该书是里士满对自己从 1889 年进入巴尔的摩的慈善组织会社担任财务助理一职，到 1909 年离开费城慈善组织会社担任纽约拉塞尔·塞奇基金会慈善部门主管这将近二十年期间所从事的睦邻工作全面的、系统性的总结与回顾。该书以人群作为章节的重要分类标准，用发展的眼光去看待社会弱势群体，思考该如何去帮助他们，让其更好地生活，内容上涉及撒玛利亚人与慈善友好访问员的比较、传统慈善与现代慈善的比较、慈善与宗教的比较，并提出了一系列慈善救助的新标准与睦邻友好的实际做法，对于今天的社区建设、社区营造以及慈善救助具有很强的指导意义。

个体的生存离不开群体的支持，而群体发展也需要个体的维护，在机遇与挑战并存的当今社会，如何对社会弱势群体给予恰当、合适的慈善帮扶？如何正确理解现代意义上的慈善？这些一直都是该领域内的重要议题，个人相信里士满的《现代城市里的好邻居》所带来的睦邻思想，对于从事社区治理、社区营造、慈善发展的工作者将会有新的启示，帮助研究者们碰撞出新的思想火花。

朱志伟

145

内容提要

本书以好邻居的构建为主旨，以各类不同的人群为切入点，涉及城市中的孩子、工作中的孩子、成年工人、房客、流浪汉、家庭、患病者、捐助者、教会成员等各个方面，不仅有慈善友好访问员如何开展睦邻运动的身影，也有现代慈善组织如何有效运作的过程，融入了宗教慈善与现代公益的理念，并试图厘清两者的关系，对读者有很强的启发性。同时，在该书中，作者也指出，随着工业革命的到来，工业产业的不断发展使得民众在面临机遇的同时也更加脆弱，作者以个案的方式说明传统的慈善救助方式面临着新的挑战，救助形式也需要做出革新，并对此针对性地提出了慈善公益发展的新标准，这对当今慈善事业的反向指导性作用较为突出。